Collected Poems of Alexander Scott

The
Collected
Poems
of
Alexander Scott

edited
by
David S Robb

The Mercat Press
Edinburgh

First published in 1994 by Mercat Press
James Thin, 53 South Bridge, Edinburgh

© Catherine Scott 1994

ISBN 1873644 280

The publisher acknowledges subsidy from the
Scottish Arts Council towards the publication
of this volume

Set in Garamond 10/12 pt.
Printed in Great Britain by The Cromwell Press, Melksham

CONTENTS

Contents

Contents

1960–69

Contents

Contents

Contents

1970–79

Contents

Contents

Contents

1980 – 87

Contents

ACKNOWLEDGEMENTS

Certain poems in this collection were first printed in the following publications. Every care has been taken to make it a complete list, and we apologise for any inadvertent omissions.

Aberdeen University Review; Akros; Alba Mater; Alma Mater; Aquarius; The Bulletin; Catalyst; Challenge; Chambers' Journal; Chapman; College Courant; Edinburgh Evening Dispatch; Gala Rag; Gaudie; Glasgow Herald; Glasgow Review; G.U.M.; Jabberwock; Knowe; Life and Letters; Lines; Lines Review; New G.U.M.; New Scot; New Shetlander; North East Review; Oasis; Poetry Scotland; Saltire Review; Scotia Review; Scotsman; Scottish Literary Journal; Scottish Literary News; Scottish Poetry; The Scottish Review; The Voice of Scotland; Void.

INTRODUCTION

When Alexander Scott died on 14 September 1989, he left in type-script a substantial collection of poems which he had been preparing for publication. He had entitled it *Incantations: Poems and Diversions*. It consists of one hundred and forty-four poems, some of which had already been printed in the previous collections *Greek Fire* (1971) and *Double Agent* (1972). These had been published as booklets; Alex clearly wished *Greek Fire* in its entirety and sixteen poems from *Double Agent* to be given a more permanent published form. Of the remaining poems in *Incantations*, forty-six appear to have been written after 'Lament for a Makar' (270), which was the latest poem printed in his previous hardback collection, the *Selected Poems 1943–1974* of 1975. These forty-six therefore represent his selection of all his work written from the time of *Selected Poems 1943–1974* onwards. The remaining sixty-one poems are from earlier in his career: the earliest is 'Sir Patrick Spens: The True Tale' (20) which dates in its original form from 6 June 1946.

Incantations, therefore, was intended by Alex Scott not only as a selection from his last decade of writing but also as a final trawl through his entire poetic output. It was by no means unusual for him to dig far back in his notebooks while preparing a selection: most of his previous major collections show the same habit, al-though in many instances he took the opportunity to substantially revise the earlier work. In two instances which I discuss below, he revised previously published work to the extent that the later versions must be seen as essentially new poems. He prepared *Incantations*, moreover, with particularly great care in the knowledge that this would be his last major publication; the selection that he made for it has therefore an extra summational status. When he died, it was the natural wish of his family that this final collection should be published. After some further consideration, however, it was felt that a collected volume of his poems, including the contents of *Incantations*, would be an even more appropriate way of serving his memory. The present writer was asked to undertake the task of editing the volume.

Had Alex lived to create his own Collected Poems, he would obviously have produced a different volume from this one—different both in scope and arrangement. As far as scope is concerned, the existence of *Incantations* gives a strong indication as to which of his hitherto uncollected poems he would have included. What *Incantations* cannot tell us is which of the poems already printed in earlier collections he would have chosen to omit. Under the circumstances, it seemed appropriate to reprint the contents of all his previous collections, from *The Latest in Elegies* (1949) onwards.

As I have just indicated, however, few of the previous collections draw exclusively on poems written in the period immediately preceding their publication: only *Greek Fire* and *Double Agent* reflect short phases of his writing in that kind of precise way. Consequently, there seemed little to be gained by arranging the poems with reference to earlier volumes. Instead, I have decided to go back to the original order of writing, as indicated in the notebooks which survive and which I discuss more fully below. This gives, I believe, a much more true and revealing picture of Alex Scott's development as a writer than would an arrangement by previously published collections. Those who wish to read the poems in the order in which they appeared in earlier collections will find the contents of the latter listed in order in Appendix II of the present volume.

The text published here, however, is not equally historical. Although this is not a strict scholarly edition, I have tried to present for each poem as late a printed version as I could find: in the vast majority of cases, I have been able to reprint the last version which appeared in print during Alex's lifetime. Where a poem is included in *Incantations*, that typescript text is the chosen one. Many of Alex's poems were individually reprinted and anthologised over the years, either by Alex himself or by other editors. Looking over different incarnations of such poems, one realises that Alex Scott seldom regarded his poems as immutably complete: most later printings of a poem contain some measure of textual differentiation from earlier versions. Nor were these later changes always recorded in his notebooks, which cannot be regarded as revealing any definitive version. Very often, of course, the changes are simply slight matters of punctuation. Occasionally, however, the lineation is altered and often—especially when he returned in the 70s and 80s to Scots poems which he had first published in the 40s and 50s—Alex would modify his Scots spelling, moving it away from his Aberdeenshire roots and softening it towards a standard written Scots. Occasionally, too, much more extensive changes to the substance of the poem occur. There is a sense in which Alex seems to have regarded his entire output as work in progress: I have no doubt that, had he lived longer, the process would have continued and that many of the poems presented here would have been modified yet again.

Consequently, readers will sometimes find that poems with which they are familar appear here with some textual variation. Occasionally, the alteration begins with the title: thus, 'The Rescue' in 1949 becomes 'Rescue' (15) in 1968 while 'Gin I was Great Eneuch' in 1954 becomes simply 'Great Eneuch' (80) in 1975. In such cases, I have regarded the later version as precisely that, a substantial reworking of the same poem, and have simply reproduced that later version. In the two cases mentioned earlier, however, Alex went back to old poems and from them produced works which have to be regarded, I think, as new. In these cases, I have included both poems. These are 'Midnicht Sang' (42) which later gave rise to 'Mirk Midnicht' (84), and 'Sang for a Flodden' (21) from which he isolated, reworked and reorientated the final section to produce 'MacDiarmid in the Shield-Ring' (85).

'Mirk Midnicht' and 'MacDiarmid in the Shield-Ring' are among the very few poems for which a precise date of composition is not available. Like 'Heart of Stone', they do not appear in the notebooks. A guide to their place in the order of poems, however, is provided by *Selected Poems 1943-1974*, in which the poems are printed chronologically and which includes 'Mirk Midnicht'. This is positioned between 'From You, My Love' (83) and 'Prehistoric Playmate' (86), and I have followed this order.

As regards 'MacDiarmid in the Shield-Ring', I suspect that the process was as follows. In making his selection for *Cantrips*, Alex went back to Volume 8 of the notebooks, from which he picked 'Evensong' (23), 'Justice' (24), 'Rescue' (15), 'Fable' (35), 'Blues for *The Blue Lagoon*' (57) and 'The Gallus Makar' (33). This last is about MacDiarmid, the thought of whom suddenly cast a new light upon the end of 'Sang for a Flodden', also in Volume 8, which he may also have been considering. Thus 'MacDiarmid in the Shield-Ring' would belong to the period of the preparation of *Cantrips* and I have positioned it after that other completely reworked poem, 'Mirk Midnicht'.

I have included two appendices. One lists the contents of the collections from which the poems for this volume are drawn and keys them to the numbered order of the main contents. Titles listed in Appendix II are given their original form. I have taken the opportunity, also, of quoting the dedications in earlier collections: I think that they can sometimes be interesting and helpful. Appendix I contains the text of 'Scotched', one of Alex's best-known and most appreciated works of the early 70s. Adherence to the principle of printing the poems in order of composition means that 'Scotched' is broken up into its constituent parts in the main body of the text. It seemed appropriate to provide it also as a single experience. The text is that of *Selected Poems 1943-1974*.

The discrepancy between historical arrangement and anachronistic text seems a small price to pay for the interest of reading the poems in something close to the order of their essential creation. It is possible to do this because of the existence of notebooks which cover Alex Scott's entire career as a poet, from his early schoolboy efforts to his final poems. They consist of eleven volumes, the earliest being soft-covered school jotters (courtesy of the Town Council of Aberdeen Education Committee), others being simply pads of writing-paper, and the later ones hard-cover exercise books. Each is clearly labelled in order, 'Poems Vol.1', 'Poems Vol.2' etc, and each page is numbered. Equally systematic are the contents which are fair copies neatly written out. Earlier workings have not survived, though in a large number of instances Alex has returned later to a poem and worked upon it further. The poems are given linenumbers and are themselves numbered from 1938 onwards: only the first twenty-eight are unnumbered, before the numbered sequence begins. The last poem, dated 28 November 1987, is numbered 960. In five instances, however, there are mistakes in the numbered sequence where Alex has misread his handwriting. The last four of these instances occur in volumes 10 and 11 (September 1966 onwards). The first, revealingly, occurs in volume 4, in the days preceding the declaration of war. At that point, Alex was writing a poem almost daily: no.164 is dated 27th August 1939, while 165 appears the next day. 'In the Shadow of War (1st September, 1939)', however, is also numbered 165, a fact which suggests emotion almost as vividly as the poem does itself. (Poems are also ascribed to 2nd and 4th September, but none appears for the 3rd, the date of the war's outbreak.)

The notebooks are revealing in other ways. The first poem of Alex Scott's to be printed was 'At Summer's End'(1) which appeared in the *North-East Review* in December 1941 (and was reprinted in the *Selected Poems* of 1950). It is number 228 in the sequence, and is in Volume 5 of the notebooks—almost half-way through them. From the late 1930s, Alex had been writing copiously, serving a thorough apprenticeship as an anguished, adolescent poet, quite often producing poems of considerable length. He himself has accurately summed up both the quantity and quality of this phase: 'The poetry I continued to keep on spouting like a gusher was still redolent of nineteenth-century romanticism'. This comes from an entertaining and revealing description of his own early years as a poet which he contributed to a collection of such accounts edited by Maurice Lindsay, *As I Remember: Ten Scottish Authors Recall How for Them Writing Began* (London: Robert Hale, 1979). There, he pinpoints 1940 as a turning-point in his development as a poet. Having been introduced to the work of contemporary English poets such as Auden and Spender during his first year as an undergraduate, he spent the summer vacation of 1940 working in forestry at Durris on Deeside, an experience which not only gave him a more prolonged encounter with nature than he had ever had, but which also gave him the opportunity to explore Burns for the first time. These experiences, combining with his new-found pleasure in contemporary verse, and also with the abandonment of what had hitherto been a position of strict pacifism, produced a transformation in his own poetry, which is clearly visible on the pages of the fifth volume. The poems become suddenly much tougher in attitude, far more interesting, far less gushing. There is a conscious commitment to a harder, unillusioned realism of outlook. His verse becomes more ironic, more critical, and very much cooler in its language. Suddenly, in the space of a few months, the familiar Alexander Scott emerges from the adolescent swoonings of his first few hundred poems.

Interesting as the copious early poems are, however, it has not been felt appropriate to reprint any of them here. It is in the matter of the dating and ordering of poems that the notebooks have most decisively contributed to the present volume. They not only enable us to get closer to the actual order in which Alex wrote the poems, but reveal, better than the sequence of previously published volumes does, the phases into which his activity as a poet fell. In particular, they highlight those periods when Alex found that poems would not come: for instance, only one poem, 'Gods' (72), is assigned to 1952, none to 1955, one to 1956, two including 'From You, My Love' (83) to 1957, and thereafter nothing until 'Prehistoric Playmate' (86) of 1965. This long gap was a cause of profound unhappiness, for Alex despaired of ever writing poems again. According to his widow, Cath, the logjam broke with the writing of 'Heart of Stone', commissioned on behalf of the B.B.C. by Finlay J. MacDonald: the dedication of *Cantrips* to MacDonald, 'commissioner extraordinary', reflects the poet's deep gratitude for the stimulus to renewed creativity. If, however, the late 60s and early 70s were fecund years, the later 70s were somewhat less so, and the 80s (1980 apart) were very much less so. Only two poems are recorded for 1983: 'Pharaoh's Love-Letter' (314) and 'The Lay of the Last Minstrel' (315)—four lines (six words) in all. 1985 has only three poems, 1986 none, and 1987 only the single-word poem 'Word' (318): its 'Absurd!' is the last utterance in this record of nearly fifty years of poetic composition.

It may be that other manuscripts will come to light. As it is, the notebooks do not contain a copy of 'Heart of Stone', as one would have expected. Nevertheless, they are an invaluable record of a lifetime's poetic output, good and bad.

They reveal, also, another major fact. Alex Scott was, of course, well known as a poet in both Scots and English and in the notebooks one can see the relationship between the two languages in the development of his work. The voluminous outpouring of adolescent verse is in English, and in the course of one poem, 'Flowers That Fade Not', in which he surveys all the positive, life-enhancing elements in his adolescent consciousness, he lists his favourite poets (the poem cannot be later than early 1939): they are (in order) Swinburne, Morris, Tennyson, Keats, Shelley, early Milton and the Shakespeare of the lyrics. Amongst all these pages of latter-day romantic verse in English, there is one isolated attempt at a poem in Scots, a fragment entitled 'In Manus Tuas, Domine'. It is not at all clear what prompted this lonely effort, for the next Scots example is from (apparently) December 1941, 'Frae Steel A Sang: A Scots Rhapsody'. This is a substantial (200 line) sequence written in something of a mood of new commitment to Scots as a medium, a commitment which the opening poem expresses directly.

> I sing in an obsolete tongue, that has learnt o' the yearnin'
> Hert in a cauld country o' bleak horizons,
> An' has na' had a' its pith drawn oot wi' the knife
> O' drawin'-room gossip; a tongue that has kent o' the broken
> Hopes an' the mocked dreams, an' has na' forgotten.

Most of the other poems in the sequence are translations into Scots of poems which he had already written in English; only the fifth, seventh and eighth seem to have been newly written. As it happens, however, we do know what prompted this new development. In his essay in *As I Remember*, he records how formative was his undergraduate friendship with Derick Thomson, who introduced him (by means of MacDiarmid's anthology *The Golden Treasury of Scottish Poetry*) to the full range of verse in Scots. From then on, Alex was a bilingual poet: the present writer recalls him once saying that there was never really a question of *choosing* one language or the other, because whatever language the first line of a poem came to him in determined the language of the poem as a whole. The choice was made for him.

This volume could not have been created without the enthusiastic cooperation of Alex Scott's widow, Cath. While the book is, in the most obvious sense, Alex's, it is also hers. This is not only because of her eagerness to see Alex's unfinished projects completed—a process which can only add to his reputation—but because of her central importance to him, both as a man and as a poet, during their long life together.

David S Robb
Dundee, April 1993

AT SUMMER'S END

Summer declines like stock before fiasco
While golden sun goes southward with the rich
Who jingle glittering sovereigns. Autumn gleans
His dividends from flower, fruit and field,
Filching percentages from peasant earth.
The trees restlessly toss their arms about
And whine—but bow their heads beneath the wind's
Pitiless legislation. Winter waits
To march in autumn's wake, grim-visaged soldier
Disguising fortune's ruin under banners
Mock-virginally pure.
                              Spring gives a promise
(Promises after war) and summer seems
To offer us fulfillment of fair dreams,
But autumn eternally lurks to nightmare all,
To scythe the world for profit. So the masque
Dances its way to death. So the deception
Gladdens the heart with glamour of banners and drums
Till, in the end, the striving heart is stabbed
By the pitiless bayonet's unromantic point.

[Autumn 1940]

AT EARTH'S CENTRE

Brother mole, go burrowing deeper, deeper, tunnel
Down and down and into the darkness, dense and warm,
Where silence lullingly laps, where never whisper stirs
With sibilant serpent sting. But what is your hope, O miner?
I know it. Hopeless. Dig as you may, at earth's centre
There is no quiet world, bounded by mineral stillness,
Where action and reaction counterpoint in dream.

[1941?]

SONGBIRDS

Birds of feather,
Flying through filthy weather,
Beat on the barren clouds with wings
Wounded, and songs.

Song, though stanching
No gash that avalanching
Storm has jagged, against outrage
Kindles courage.

Though tempest-tossed
The flame, yet legions lost
And landlocked follow from afar
That single star.

Blinded in blood,
Endurance their only good,
They will topple over the canyon wall
Should song fail.

Sing then, though anger
Thunders and darkens danger
Over the mountains behind whose steel
The air is still.

Beyond those ranges
(Reachless till heart changes)
The sun on every upturned face
Will shower his grace.

Yet, storm-surrounded,
How can the lamed and blinded
Hope to tread through rocks the road
But song should guide?

Then birds of feather,
Flying through filthy weather,
Beat on the barren clouds with wings
Wounded, and songs.

                                              [1941]

ANTONY AND CLEOPATRA

Antony seeking Cleopatra when she found him
Found that the girl his arms encircled was not she,
While Cleopatra even while her arms were round him
Could not conceive she once conceived him Antony.

They promised love and letters then at dawn in parting,
Each alone to a different world and different men,
But scarcely turned their backs before their hearts were starting
The Antony seeking Cleopatra search again.

                                        [2 May 1943]

THE FABULOUS COUNTRY

The fabulous country is always over the sea,
And always storms prevent the ships from leaving.
Passenger-lists are crowded—packing the quay
Are all of the anxious dead and the eager living.
They fight one another forward, elbow and knee,
Each to be first at the gangway, not believing
Room is reserved for all. They cannot agree
On passports—some contend them franked with loving;
Others, with power; a few, divinity.
And so with landfalls—gardens with rivers laving
Or concrete cities where machinery
Is whining service? All of them argue, laughing

Scornfully, striking, mixed in a blind melée.
And still the storms prevent the ships from leaving,
Forever the fabulous country is over the sea.

[24 February 1944]

EGOTISTS'S EYES

Spectacles perch like owls upon my nose,
One glass is coloured green, the other rose,
And so I never see the world quite straight
But always through my love or through my hate.

My love cosmetics foulest objects fair,
My hatred strips their painted glamour bare,
To make my dearest enemy my brother
I shut one eye and open wide the other.

Aspects and hue of all that lives or dies
Trembles upon the twitching of my eyes,
And whether beauty flourishes, fades, or passes
Is painted in the colours of my glasses.

[29 November 1944]

UNTRUE TAMMAS

Whan Tammas Rhymer—efter seeven
Lang year awa frae hearth and hame—
Cam back wi yarns ayont believin,
Aa the neibours yowtit, 'Shame!'

'I've been,' said Tam, 'whaur yirth's a wonder,
It never needs the graip or plou,

4

There's hairst the haill year roun out yonder.'
'Ye're aff yir heid—or else ye're fou!'

'But yon's a place there's gowd aplenty
Jist liggan lowse, nae fash to howk it,
The chiels retire afore they're twenty.'
'They'll aa be like yirsel—fair gowkit!'

'Jalouse ye then I'm only blawan?
C'wa to the land I've left ahin,
And there you'll see the siller snawan,
Or gin ye dinna see't, ye're blin'.'

'Blin' we may be, but glaikit?—Never!
We're steeran neither fit nor hand
To follow you—we'd seek forever
Afore we fund yir promised land.'

'Then stay at hame and stairve! I'd gie ye
Baith siller and gowd to yir herts' content,
But gin my word means naething wi ye,
Bide here and scrape to pey the rent.

'I'm aff mysel to the easy wey o't
Whar life is leisure, sweet and saft,
And milk-and-hinney's never dry o't.'
'Awa ye go, ye sumph, ye're daft!'

[December 1944]

SCHULE O CORBIES

Thae corbies can pent their feathers,
  Never their tongues,
For aa their claikan blethers,
  Tuim o tune their sangs.

But bourachied in thegither,
  Hark hou they blaw,
The t'ane maun deave the t'ither,
  'Freinds, we're laverocks aa!'

And siccan a din they're dingan,
  Scraich eftir skirl,
They droun far sweeter singin,
  Douce frae mavis and merle.

[February 1945]

SANG SONNET

Sing frae the hert, but set the harns til rhyme,
For thochtless words, thae banes that want the marraw,
Maun brak like kindlin ablow the aix o time,
And glaikit sangs can cowp the aipple-barraw,
Dingin the aipples doun in fousome stour
To dee forgotten, tint in thon same hour.
A makar scrieved a hunder year sinsyne
Sae mony beuks the press ran short o letters,
But nou there's fient the sowl could speak a line
O' aa the lines he whummled out (puir craiturs),
Like brander-muck they've coupit doun the drain
Afore the flood o time, the skaichan rain.
Anither scrievit ae bit sang
Sae skeelie-short that time can wark nae wrang.

[12 March 1945]

6

CALVINIST SANG

A hunder pipers canna blaw
  Our trauchled times awa,
Drams canna droun them out, nor sang
Hap their scarecraw heids for lang.

Gin aa the warld was bleezan fou,
  What gowk wad steer the plou?
Gin chiels were cowpan quines aa day,
They'd mak (but fail to gaither) hay.

Pit by your bagpipes, brak your gless,
  Wi quines, keep aff the gress,
The-day ye need a hert and harns
As dour as the diamant, cauld as the starns.

[29 July 1945]

MAÑANA

To-morrow, always to-morrow—royal and doomed Macbeth
Declared that the only future certainty was death,
But now our levelling dreamers scorn to copy kings,
Shove them aside and away as dusty out-moded things
To offer us an earth without a speck of sorrow.
To-day? Not quite. To-morrow. Always and always to-morrow.

[18 September 1945]

SODGER FRAE THE WAR RETURNS

The sodger frae the war returns,
The sailor frae the main,
But I hae parted frae my love,
Never to meet again, my dear,
Never to meet again.
                    —Robert Burns

The sodger tholes the wecht o war,
  The sodger drinks his wine,
He daurs wi's flesh the kiss o steel,
  He kisses onie quine.

And Johnnie's tholed the wecht o war
  And daured the kiss o steel—
It's shair the bottle's kent his mou,
  And aiblins quines as weel.

But nane o the quines micht touch his hert,
  His hert was lucken awa
Tae wait until the nicht o war
  Sud brak in a gowden daw.

Syne hame frae the reek o the war cam Johnnie,
  Back frae the din o the drum,
And leuch that the time for death was deid
  And the time for luvin come.

'Nou tell me, mither, and tell me trulie,
  Whar will I find my ain trueluve?
This while I've worn her ticht i my hert,
  As ticht i my hert as hand in glove.'

'I daurna, Johnnie, I daurna tell ye
  Whar ye will find yir ain trueluve—
Ae season she hainit yir hert in fashion,
  Syne chucked it awa like an outworn glove.

'She merried a doiteran duin auld carle
  Wi siller tae hap his siller hair,
Nae maik for a quine, albeid his gowd
  Maun keep her frae greetan ower sair.'

Johnnie's taen doun his Service pistol,
  Fulled it fou o leid,
And Johnnie's gane out and ower the toun
  Tae shoot his trueluve deid.

Syne in atween the muckle yetts
  And gairdens floueran bonnie
And up the brae til the mansion-hous
  And intil the haa gaed Johnnie.

The place was trickit out in gowd,
  Rooftree and waa and pillar,
Sae polished was the mairble flair
  It sclentit white as siller.

A maid cam ben tae speir his name.
  'Tint like my hert. I've nane tae tell.
Jist shaw me whar yir leddy bides,
  I'll suin eneuch announce mysel.'

She pyntit up the mairble stair,
  Richt at the benmaist door—
'There's naeway can be ben as far
  As stop whit I've come for.'

Syne Johnnie gaed up the mairble stair,
  His hand on's pistol ready,
He yarkit open the benmaist door—
  'Forgotten me, my leddy?'

Gowden ferlies in gowden hair,
  Gowden rings on her hands,

A rope o gowd aroun her neck,
  And beltit wi gowden bands,

She gaed as white as the bleached linen,
  Wan as the siller money,
She grippit her neives atween her briests
  And spak but ae word: 'Johnnie!'

'Langsyne ye hecht yir hert tae me,
  Tae me alane, my bonnie birdie!
But luve was ower cheap a price—
  Ye sellt the lot til a doiteran lairdie.

'Ye sellt the hert aince hecht tae me
  For siller syne, my bonnie birdie!
But siller's cauld for sleepan wi—
  Is't cauld, my quine, wi a doiteran lairdie?

'It's caulder yet ablow the mools
  Whar banes rot and worms chaw—
Gin siller beds are cauld eneuch,
  The grave's the cauldest bed o aa!'

He's taen his pistol frae his pouch
  And held it in his hand
And seen the haill o her bonnie body
  Shak like a willow wand.

He's cockit back the firan-hemmer,
  Held it wi his thoum,
And syne her een like huntit rats
  Gaed rinnan roun the room.

'Oh, dinna—dinna shoot me yet—
  Gie me a word—lat me begin—'
'It's mair nor fikey words ye'll need
  Tae save yir sellt-for-siller skin.'

'I loo'd ye, Johnnie, I loo'd ye trulie.'
  'Trulie? Ah weel. But nae for lang.'
'I gied ye aa that was in my hert.'
  'Yir hert was tuim—and tuim's yir sang.'

'Johnnie, I cudna live without ye.'
  'Ye've waited up til nou tae dee.'
'Wir pairtin bruke my hert in blads.'
  'Ye sellt the bits richt cantilie.'

'Peety me, Johnnie, left my lane.'
  'Peety ye? Na, my een are dry.'
'I needit luve.' 'Ye got it shairly,
  And aa his rowth o gowd forby.'

'I got nae luve—na, nane ava.'
  'And whit o that? Ye'd won the siller.'
'The man I married was duin and auld.'
  'Ye'd gotten the mill, why fash for the miller?'

'Tae save my hert frae death, I married.'
  'Yir merriage winna save ye nou.'
'It niver saved me—niver, niver,
  For aa the while I thocht on you.

'It's aye been you, I sweir't, believe me,
  Ower aa the years, in spite o aa,
I'd come intil yir airms the nou
  As gin ye'd niver been awa.

'My man's nae mair nor a doiteran gowk
  Wi blearit een and runkled brou—
He'd haud me ticht in's chappit airms,
  But aa the while I thocht on you.

'And whit or wha's tae stop us luvan?
  There's nane tae see, and nane tae clype.

Lat's hap the past ablow wir kisses,
  And niver heed my man—the gype!

'He'll niver hear—he's deif and daft—
  And whit's the hairm? I micht hae taen
A puddock tae my merriage-bed
  For aa the guid til me he's been.

'And mind ye, Johnnie, the gawpit carle,
  He canna howp tae live for lang,
And whan he dees his siller's mine,
  And aa for us—and whar's the wrang?'

Johnnie stuid a haill lang meenit,
  Heard the seconds hirple by,
Out-throu the winnock watched a corbie
  Slawlie faain doun the sky.

He's laid the firan-hemmer doun,
  He's pit the pistol safe awa,
And syne the feartness in her face
  Has run like sudden-meltit snaw.

She's wappit her airms about his neck,
  Ticht in a ticht embrace,
He's taen his hand tae tilt her chin—
  And skelpit her ower the face.

'I cud hae tholed ye werena true,
  For time and luve they dinna gree,
And taunts I micht hae hurled at you
  Ye cud as weel hae hurled at me.

'But sen ye've gane and sellt yir hert,
  The sale, my quine, ye maun abide—
I'll nae be bribed wi the verra gowd
  That bocht ye tae be a lyart's bride.'

Syne Johnnie gaed out at the benmaist door
  And doun the mairble stair
And met the puir auld stock she'd wad
  Standan haveran there.

'Lord help ye man—ye've need o help,
  The verra blind cud see!
For thon's a coorse young jaud ye've got,
  And raither you nor me!'
                    [6 November 1945 and 30 May 1948]

THE LOCH O THE NORTH

The loch o the North i the quaet air
Liggs happit sleepan ablow nicht's coat,
And ma thochts canna rax til the haudin o't
(Tho fleean on swithest wings they were)—

The maik o thon ecstasie that's roaman
Quicksiller ower the stane o ma notion
Like whytest faem on the briest o the ocean
Or skinklin o starns i the quaet gloamin.
                    [25 November 1945]

SEAMAN'S SANG
(Frae the West Saxon)

Anent mysel I'll tell ye truly:
hou, stravaigan the sea in trauchlesome days,
aye tholan the dunts o time,
I've borne strang stouns in my breist,
kennan my ship the hame o monie cares.
Amang the coorse girn o the swaws I've taen my pairt,

13

keepan the nichtwatch close i the ship's bows
whan she drave alangside craigs. Nippit wi cauld
my feet were lucken in frost
by chynes o ice, tho wae was greetan then
het roun my hert, and hunger scartit to threids
my sea-forfochten saul. Och, thon's what he daesna ken,
him that bides happy at hame,
hou I, wearied and waesome, amang the icecauld sea,
traivelled throu the winter far awa,
far frae my kinsfowk,
and hung about wi ice and hard hail's onding,
naething to hear but the scraich o the sea,
the icy faem, and whiles the caa o the swan,
and aa the glee I got was the gannet's sang,
the soun o the seal instead o menfowk's lauchter,
the sea-maw's maen instead o the drinkin o drams.
Storms gaed duntan the stanie scaurs, and back the tirricks sung
wi icy feathers, and aye the eagle scraiched,
droukit in faem. Then nane o my kinsfowk
micht lowse the sairness frae my hert.
Little he kens, that ains life's guidliness,
bydan at hame wi scantlin o hardship,
and purpie-proud frae the booze, hou aften wearied
yet I maun byde on the breist o the sea.
The nicht cam doun wi snaw frae the north,
the warld was chyned by ice, and hail was faain,
cauldest o corn. Yet nou gae tyauvan thegither
the thochts o my hert, on the muckle watters
to set mysel agin the stramash o the sea.
Heat in my hert forever forces
my saul to traivel far frae hame
and find the lands o fremmit fowk.
There's nane sae heich o hert i the warld,
sae guid at the giein o gifts, sae swack in's youth,
in deeds sae dauntie, the laird's delyte,
but aye he yearns to stravaig the sea,
dreean whatever the weird o the fates micht be.

He has nae hert for the clarsach, nor for the winnin o gowd,
nor joy o a wife, nor joy o the warld,
nor in aucht forbye the jowan swaws,
for aye a yearnin yarks him awa til the sea.
Branches tak flouer, the burghs graw bonnie,
the parks look braw, the warld newbricht again,
and aathing steers the gleg young hert
to traivel (him that hauds sic thochts)
far awa ayont the howes o the sea.
The gowk is makkan his greetan maen,
simmer's herald sings and bodes o dule,
coorse wi care for the hert. Aye, thon's what they dinna ken,
them wi the siller, what some maun thole
whas traivel taks them furdest weys awa.
But nou my thochts hing owre my hert,
my saul wi the sea
gaes far owre the hame o the whales
til the ends o the earth, comes back til me
hungert and yearnan, the lane stravaiger scraichs
and forces my hert to fare til the faem
ower the streitch o the sea.

[5 December 1945]

RESCUE

Sunk in ablow yon Suddron sea,
Our Scottish Muse has drouned sae lang
That watter and sand hae blinned her ee
And stapped her bonnie mou frae sang.

But eident makars, answeran true
MacDiarmid's cry for musardrie,
Hae daured the fremmit faem anew
To save yon skaithit lass frae the sea.

Her face as white as onie shell
Happed lang frae the sun aneth the sea,

She lies whaur yirth and watter mell—
To lauch and live, to dwine and dee?

The makars strive, the bauld, the slee,
To fire her bluid and heeze her hert
And raise her sangs abune the sea,
Her laverocks ower this dowie airt.

But aye the sea gaes dunt on craig and scaur,
Splyteran faem and smoran the strand in haar,
Lowps til the heichest stanes to splairge and brak,
And gaithers up his tide again and syne comes breengean back.

[20 December 1945]

THE GANGREL
(Frae the West Saxon)

I
Gangrel's Lament

'Aften he prays for mercy, the lanelie man,
mercy o God, albeid wi a murnan hert
amang the loweran seas for lang and lang
he maun steer wi's hands the icecauld swaws,
stravaigan exile's straths; the wierd can never be skailit!'

Sae spak the gangrel, mindan o griefs:
'Aften alane at ilka daw
I maun lament my waes; there's livan nou
nae feir that I daur o my hert's ferlies
richt clearly tell. Aye, truly I ken
it's a mensefu custom in man
to hap awa the thochts o's hert,
lock them like gowd in a kist and think as he likes.
The man whas sowl is wearied mayna conter his wierd,
nor will the heichest hert bide haill;

sae seekers eftir glory tak their sairness
and bind it close in their breists.

'In like menner did I wi mine,
aften connached wi care and pairted frae my ain country,
far frae my braw kinsfowk—chyned it in fetters,
whan i the deid years my dearest freind
was happit ablow the dark o the yirth and I, dowie,
gaed owre the wintry sea wi wintry wae
and dreichly socht whaiver wad gie me siller.
Weel he kens, ower weel,
hou coorse a comrade is care,
he that has nane to help him;
for him are the straths o exile and nane o the skinklan gowd,
a cauld corp and nane o the crouseness o yirth.

'Whan dule and sleep hae snurled thegither
to wap about his puirtith and his wae,
he minds on the servants, the winnin o siller,
and hou his gowden freind in hauflin days
wad lauch to him ower a dram. But lauchter nou
has wede awa for aye, for aye,
and wantan freinds, aince mair he waukens
and sees afore him the dark swaws,
the sea-maws ower the watter spreidan their feathers,
and frost and snaw faain, flindered wi hail.
The sairer syne are the scarts in's hert,
sair for his love, and laneliness aye new.'

II
Warld's End

The wise man sees the wershness o't
whan aa the walth o the warld stands waste
as nou in a puckle places o yirth
there's waas are standan, bluffert by winds,
hung wi rime, the biggins aa in ruins.

Crottled the castles ligg, and laich the lairds,
toom o delyte, the haill jing-bang gae doun
wi their pride to the waa; the wars hae connached some,
cairried them far; and some the corbies connached
ower the gurly seas; and some the grey wolves
gied ower to death; and some, wi dowie faces,
the lairds hae happit in holes i the grund.

Sae the Makar o men made mools o the warld
till quaet cam doun on the commontie's din
and the auld titan-wark stuid toom.
Syne He that's ferlied ower the founds o aathing
and deeplie ponders dowie life,
taks tent in's hert o bygane time
and its weicht o war, and speaks thir words:
'Whaur's the beasts? and whaur's the men? and whaur's the lairds
        wi their siller?
whaur's the drinkin o drams, and whaur's the delytes o the haa?
Wae for the sclentan gless! Wae for the sodger!
Wae for the laird's glorie! Thon times hae gane,
grown black ablow the brou o nicht, as gin they'd never been!

'There stands here nou instead o the sodgers
a skailit waa that's smored wi edder-shapes.
The strang steel has skaithit the lairds,
bluid-hungert iron's hackit out their wierd,
and storms gae dunt on scaurs,
the snaw faas and slounges yirth
in dreich winter; syne comes darkness,
the nicht gaes black and blaws frae the north
an onding o ice to connach aa.
The haill yirth is hardship,
the wierdit doom dings the forfochten warld.
Here siller canna last, freinds canna last,
man canna last, nor love o woman,
the width o the warld is toom.'

[15 January 1946]

THE WHITE DEVIL

My soul, like to a ship in a black storm,
Is driven I know not whither.
—Webster, *The White Devil.*

Under the terrible pallor of snow, the earth
Lies colourless and cold as a bleached bone.
A face which death has smoothed of all its wrinkles
(Footpaths, a dawdling stream, a mesh of hedges),
The drifted valley gapes in a blank stare,
And trees are skeleton arms in uttermost anguish
Upthrown to tear and tear at horizon's end.
Alone. I am alone in a dead world,
Strangled by the silken garotte of the snow.

Steadily now, and emulate Stearns in constructing
Something on which to rejoice,[1] for now if ever
Here is your chance to prove to your doubting self
The truth you have always cried at the doubting world,
That culture (displayed in your habit of apt quotation)
Arms you against outrageous fortune's arrows.
Arrows, you say? Anachronistic error.
The barb you carry festering in your flesh
Is far more modern, the very latest product
Contrived by the tricks of inexorable progress,
The submachinegun bullet. Quote *that* away,
You jester, you grin on the mouth of a skull. If you can.

When will they come? How long? Will they never come?
Dawn when he left me, how many hours ago,
How many years, how many centuries?
My watch is broken. A symbol? Quiet, you fool,
Your symbols cannot save you. The flask is empty,

1. T.S. Eliot, 'Ash Wednesday': Consequently I rejoice, having to construct
something / Upon which to rejoice [A.S.'s note]

The flask not bigger than your hand, which lent you
What all your pampered books could not supply—
A little warmth and courage. Empty. Drained
As dry as your heart of hope. And who will help you?
No one. Except yourself. Now sneer at Smiles[2].
Sit with your back to this crumbling wall and sneer
While your fingers grip the death in your own body
And the blood ticks in your ruined veins like time.

The moonlight glittering over the snow was steel
Stripping the darkness clean of any cover,
So we patrolled towards the enemy
Naked as in the blaze of summer's noon.
The Spandaus chattered, bit the air with bullets.
Floundering down in the snow, we foxes cowered
Deeper away from the death that bayed for our blood.
But snow, as frail as flesh, could not defend us.
In the mercurial moonlight, blood was black
On the bitter blade of the snow.

Come. Come now. Quickly. Quickly. Quickly.
All was quiet after he left me. Quiet.
The western front, all quiet. Except my heart
Beating, beating. I heard my heart beating,
The knell of parting life. He climbed the hill,
His body leaning away from his savaged arm,
And snow like dust was puffing around his feet
As he stumbled over the crest and escaped my staring.
Then quiet, quiet. I watched the line of light
Broaden across the sky. And not a sound.
I should have heard the shots if luck betrayed him.
But what if he lost the road? He could not lose it,
Could not, could not, straight as a line on a map.
Then why do they not come? Quickly. Quickly.

2. Samuel Smiles, author of *Self-Help*. [A.S.'s note]

The snow. It must be the snow. The snow delays them,
Clogging their feet, the lead-weight, dead-weight snow.

Right then, you fiddler with words, you faker of phrases,
Fiddle me up a word or a phrase for the snow.
'Conciseness. Clarity. These are the two essentials
Of any work of art.' Be clear and concise then,
Find me a word for the snow. You have *carte blanche*
(Toujours la langue française, toujours l'amour)
To rummage the Ancient World, to plunder the classics,
Or filch from the cliques, the dead-and-alive, the living,
The cliques whose cosiness you envy often.
Quick, you forger of fancies, coin me a word,
A word for the snow, a word for your own death.

Judas.

So ho, you shoddy Voltaire, you erstwhile darer
Of all the unknown, when *timor mortis* appals you
You squeal like a rabbit and bolt for the Bible's burrow!
Too late, that hole is long since stopped with stones
You carried there yourself, your flinty jibings.
Remember, man made God in his own image,
And what we moderns wish immaculate
Is contraception, not conception.[3] *Contra*,
The modern prefix. Against, against, against.

The snow was against us, the snow was against us all.
That whey-faced quisling whose only delight is treason
Betrayed our approach to the pointed muzzles of guns
But then, while the bullets snarled for the final kill,
Cheated their lust, denied their seemingly-certain

3. Eric Linklater, *White Maa's Saga:* 'You mean,' said Garry gravely, 'that
what people are interested in nowadays is not immaculate conception but
advice about immaculate contraception?' [A.S.'s note]

Consummation of slaughter. The blizzard's fury,
Suddenly pouncing, blinded and gagged the guns,
And through that smother of snow we crawled to shelter,
Two of us, bleeding, torn by the teeth of wounds.
The rickle of ruined walls we reached at last
Was meagre safety, yet I could go no farther.
Agony burned in my blood at every step,
Pain was a fire that utterly consumed
My scanty crop of courage. Here, the harvest
Flared in a puff of smoke like straw and fell,
A litter of useless ash. And here he left me,
My failure propped against this broken wall,
To go alone across that desert of snow
And find our friends, to find our friends and bring them
Back into danger that my helplessness
May even yet be carried into safety.

What friends have you, my whimpering crusader,
That are not safe a thousand miles or more
From this one point where history and fate
Converge in action or disappear in death?
Long since, in another, easy-osey world
Of books and talk, books and talk, you chose
Your comrades in arms (the elegant arms of the Muses),
Campaigners on paper who captured a word or a line,
Conquered a sentence, or took a verse by storm.
Cable them now and back they will send by return
The latest in elegies, proving beyond all cavil
That typewriters' chatter is more than a match for machineguns'.

No, it is not your friends you pray for now
To come, O quickly, come now, quickly, come,
But the uniformed oafs, those readers of penny dreadfuls
Whose lecherous glee at Miss Blandish's lack of orchids
Offended your own delight in the Iron Laurel,[4]

4. *No Orchids for Miss Blandish*, by J.H.Chase; *The Iron Laurel* by Sydney
Keyes. [A.S.'s note]

The boors whose talk was forever of wine and women
(Brothels and beer), the half-illiterate gang
Who grumbled over the grub but never mentioned
Terror and death—the soldiers, the scapegoat soldiers
Who carry the whole intolerable weight
Of crumbling civilisations upon their backs
And scarcely know it. Those are the new messiahs
You long for now, the lechers, the oafs, the boors,
The ignorant saviours, the unheroic heroes.

But you in childhood never would play at soldiers,
Preferring to sit at dusk in the quivering firelight
That crimsoned the air like a warm September vintage
And listen, intent, to your favourite fairytale:
'The Snow King came and carried them all away
To the Frozen Land. As huge as a winter pine,
His beard a cataract of ice, his eyes
Glittering frost, the Snow King came and carried
Them all away to the Frozen land.' You listened,
Catching your breath, while there, beyond the window,
The single flakes came fluttering lightly down
And banded together to bury the earth in snow.

But the earth endures beneath the snow till springtime,
Endures as the rock the ceaseless grind of the sea
And the sea the endless stubborn repulsion of rock,
Action and then reaction and quiet never.
Endure. Only endure. Endure to the end.

Darling, my love, my lovely, held and holding
(The snow grins with a flash of glistening fangs),
April was in the candour of your eyes,
But the whistle blew, the train shuddered and shuddered,
I lost you, lost in the platform's narrowing blur.

Dancing, dancing, always I think of us dancing,
The light in pools on the ballroom's glittering floor,

The partners swooping, pausing, poised, and swirling
In suddenly flaring arcs of taffeta foam,
And laughter, always an incandescence of laughter,
Brighter than any moonlight over snow.

But now the blizzard breaks above the dancing,
The lights go out like snuffed candles, the snow
Smothers the glittering floor, the easy dancers
Drown in a white sea, a flood of frost
Where the sinews freeze, the heart goes beating backwards,
The blood retreats in running, the flesh is stone.
Endure like stone. Endure. Endure. Endure.

Now I am lost in a whelming ocean of ice,
And time and chance are waves that drive me away
And drive me forever away from your love's island.

The sun splits in the snow.
Endure what anger?
Huge as a winter pine,
His beard a cataract of ice, his eyes
Glittering frost. Glittering.
Glittering.

                                    [26 March 1946—3 April 1946]

SANG FOR WINE AND WEMEN

Whar hae I been til? Whar was I gane?
I hae been til the muin wi a leddy o Spain.
The muin skinkled bonnie, the leddy was braw,
And I swum i the booze lik a fish i the swaw.

But syne, at the end o't, the whisky run dry,
The muin was as gray as a graffstane—and I?

My siller was skailit alang wi the quine—
Tae the deil wi the wemen! Tae hell wi the wine!

[17 May 1946]

POEM BEFORE BIRTH

She carries life in her body
as a girl in a dry country carries
a pitcher of water cupped in her hands
delighting
the thirsty eyes of the dwellers
in those parched lands.

She is as quiet and as certain
as Earth in reluctant spring
which waits for a night of warm showers
dissolving
the last delay of winter
and dazzling the dawn with flowers.

[30 May 1946]

SIR PATRICK SPENS: THE TRUE TALE

The king sat in Dunfermline toun
And wauchted bluid-reid liquor doun,
He wadna fash Sir Patrick Spens
To sail awa frae Scotland's glens
And glaik ayont the gurly grey
To caa some quine frae Norroway—
Our king had monie a maikless dame
For limmer-linkin here at hame,
He'd never wrack thon rattlan squad
To frisk in 's airms some fremmit jaud.

Frae Buchan Ness til Tobermory,
  Frae Maidenkirk til Wick,
The ballants sing anither story,
  But ilka sang's a swick.

Sir Patrick never sailed the sea,
  Nor drouned aff Aberlour,
He dee'd in 's bed at auchty-three
  (Or aiblins auchty-fowr).

Sae onie ither clash ye hear,
  Tak tent o what I tell,
The makar sung sic leean lear
  As nou I scrieve mysel.

[6 June 1946]

SANG FOR A FLODDEN
(Eftir the West Saxon)

Syne cam fechtin, stramash o battle,
the hour was strikan whan weirdit men sud faa.
A stour o shoutin raise, the corbies scraichit,
hungert for bluid, and yellin was ower the yirth.
Syne frae their neives the shairpened spears gaed fleean,
baws were busy, point gaed boof on targe.
Coorse was the spate o battle, sodgers fell,
on ilka hand they liggit laich.

They flee'd frae the battle, they that were feart tae bide,
that hadna the hert tae stand,
flee'd frae the fecht and socht the forest,
gaed seekan the dernit deeps tae hap their heids.

Sae it was said aforetime in assemblie,
hou monie that spak maist bauldlie thonder
wad niver thole the wecht o war.

Syne there was brakkin o shields.
Drucken wi bluid, the fremmit men gaed breengan forrart.
But nou an auld campaigner shook his swurd
and stranglie spak til oor ain sodgers:
'Thocht maun be the harder, hert the keener,
smeddum the mair, for aa that oor micht is dwynan.'

[6 June 1946]

CORONACH
For the deid o the 5th/7th Battalion,
The Gordon Highlanders

Waement the deid
I never did,
Owre gled I was ane o the lave
That somewey baid alive
To trauchle my thowless hert
Wi ithers' hurt.

But nou that I'm far
Frae the fechtin's fear,
Nou I hae won awa frae aa thon pain
Back til my beuks and my pen,
They croud aroun me out o the grave
Whaur love and langourie sae lanesome grieve.

Cryan the cauld words:
'We hae dree'd our weirds,
But you that byde ahin,
Ayont our awesome hyne,

27

You are the flesh we aince had been,
We that are bruckle brokken bane.'

Cryan a drumlie speak:
'You hae the words we spak,
You hae the sang
We canna sing,
Sen death maun skail
The makar's skill.

'Makar, frae nou ye maun
Be singan for us deid men,
Sing til the warld we loo'd
(For aa that its brichtness lee'd)
And tell hou the sudden nicht
Cam doun and made us nocht.'

Waement the deid
I never did,
But nou I am safe awa
I hear their wae
Greetan greetan dark and daw,
Their death the-streen my darg the-day.

[6 June 1946]

EVENSONG

I

As I bent to the typewriter, clattering clattering keys,
The window was open before me and dusk was falling
Across the meadows and glooming the green of trees
While over the twilight early owls were calling.
Or so they told me—I neither saw nor heard,
Intent on letters, until the work was ended,
When, as I lifted my head and relaxed, a bird
In song outside made evening suddenly splendid.

II

Such moments once, a dazzle of revelation,
Would dagger the heart defenceless. Now I listened
Without a wound, accepting the song I was given,
Content to accept it as song, the years gone over
When sight of a seagull's swoop upon grey water
Or petals fluttering butterfly-bright from flowers
Could solve at a stroke the puzzle of all existence.
I heard the song and was glad. And it proved nothing.

[15 June 1946]

JUSTICE

Stuid standan thonder wi face o stane
  Grimmer nor steive granite,
A clout wapped ticht aroun your een
  Wi fient the keekhole in it,
What mercy could ye mell for men?
  Ye've never seen it.

But gin your een were bare til the licht
  Your stanie hert wad saften,
Sic dule and wae wad stob your sicht
  Sae aften and ower aften,
Ye'd never doom til dowie nicht
  Nor chiel nor chieftain.

[12 August 1946]

29

NOTHING LEFT REMARKABLE

Below the deeps of laughter and over the heights of grief
    Boredom burrows or hovers,
  Blind as a mole he undermines belief
  Or harsh as a hawk he talons love and lovers.

With boulders block the tunnels, with eagles scour the air,
    Still he succeeds in escaping,
  Bludgeons delight with the club of his vacant stare,
  Then straddles the corpse and squats there, stupidly gaping.

A careless killer, inane as the grin on the mouth of a skull,
    He murders joy unheeding,
  Fortune his silly jest and fame his gull
  And life his fool to be flogged and beaten bleeding

Across a world where noon and night are faded grey,
    Earth is barren gravel,
  No wind or wave can stir the sullen sea,
  And heights and deeps are ruled to one dead level.

[25 September 1946]

MAKAR'S LAMENT
(Eftir the West Saxon)

Wallace amang the Sassenachs drank o wae,
the strang sodger tholed a hunder skaiths
wi languor and dule his dowie fiers
in cauld-as-winter exile. Aften he kent o care
when Langshanks grippit him in by guile,
pit chynes o steel on the strength o the skeelier man.

Thon dule has dwynit awa, as this maun dae.

Til Mary Queen her kinsman's death
was never sae dowf on her hert as her ain dreichness

whan siccarlie she saw
she was big o a bairn; she couldna begin jalousan,
for aa her wit, what wey the end wad gae.

Thon dule has dwynit awa, as this maun dae.

Monie amang us hae kent o the Beaufort quine,
her wooin by Jamie the King was willsome and wud,
the ruggin o love sae reivit his rest.

Thon dule has dwynit awa, as this maun dae.

Argyll, throu gurlie winters, grippit his neive
on Embro toun; his grippin trauchled monie.

Thon dule has dwynit awa, as this maun dae.

And aa hae kent o Cumberland's
wolfish hert; he stampit his heel on the Hielands,
the fowk o the clans—a ferlie o coorseness.
Monie a man sat chyned in mishanters,
waitan for death, and wershlie yearned
for his micht to faa til mockage.

Thon dule has dwynit awa, as this maun dae.

To speak o my ain sel,
I was a makar aince til the men o Scotland,
loo'd o the fowk and fameit for my sangs.
A hantle o years I gied them the heichest service,
but syne they mairkit anither makar,
skeelie in sang, that staw the richts
the fowk had gien til me aforetime.

Thon dule has dwynit awa, as this maun dae.

[29 September 1946]

31

DEATHSANG

Auld wumman, liggan deid and aa yir lane,
Yir een are shutters steeked on deein's dule,
And auchty year hae foundered in yir brain
Like sixareens drouned in Corrievreckan's pool,
Whurlit awa and doun and intil the deep
Darker nor nicht and starniless as sleep.

Yir face shut ticht, like a beuk on's hindmaist page,
Runkled and scartit sair by Time the knife's
Owre-siccar skaith, is tuim o aa but age—
Albeid yir lyre is parchment, nae yir life's
Lang historie's scrievit there for me tae read,
But this alane—*The weird o death I dreed.*

I canna rax up-ower yir death, thon waa
Yir hands in deean biggit stane on stane
Sae skeelie-strang its heicht can niver faa—
I stand this side o't, whar ye ligg yir lane,
Near til the touch, albeid tae thocht as far
As aa the space frae Earth til the outmaist star.

[30 October 1946]

SONNET FOR WILLIAM SOUTAR (1898—1943)
Gang doun wi a sang, gang doun

Makar that gaed doun singan intil the dark,
Yir sangs hae bidden bricht wi life's ain blee,
For Time that dichts awa ilk mortal's mark
Canna cut laich thon pride o poetrie
That flouered sae fierce frae out yir hert and brain
Tae blaw in beautie ower yir livin's pain.

Yir flouers o sang! O' aa that loo their licht,
Wha can jalouse hou deep their ruits had socht
Intil a dark mair wersh nor death, a nicht
Lang as a young man's life, a dule ye wrocht
Til makkin's joy? Sae straucht and strang ye drave
Throu stanie yirth yir plou o musardrie,
That nou, alang the naukit mairch o the grave,
Yir hairst o singan years can niver dee.

[17 November 1946]

MAKER'S SANG

Wersh the dark, and wersh the daw,
The warld is winter, smored in snaw,
But aye about my hert there blaw
  Sic simmer flouers
That gin the lift sud freeze and faa
And ilka starnie dwine awa
I'd sing my sang in spite o aa
  The scarts o icy shouers.

Warld gaes up, and warld gaes doun,
And lourd its wecht on laird and loon,
But in ablow its dowie stoun
  I lift this sang
The swaws o Fate can niver droun
Sen aye it spires and sings abune
Thon sea that lowps tae sink its tune
  Sae lang as Time is lang.

[30 December 1946]

OWRE THE WATERGAW

Gin aa the beuks the warld has seen
Were streekit out in raw on raw,
And you should blind your eident een
To con them owre frae dark till daw,
Ye'd be nae wycer aince ye'd dune
—Ye'd ne'er win owre the watergaw!

[23 January 1947]

BIRDS IN WINTER

Winter the warld, albeid the winnock-pane
  Has flouers o frost as bricht as spring's.
The clouds the sea-maws scour are kirkyaird stane,
Gray and cauld and lourd on skaichan wings.

The peerie birds in ilka naukit tree,
  Quaet they sit as cones o fir.
Langsyne they skimmed the lift, stravaigan free,
But grippit in winter's neive they canna stir.

They canna stir. The sea-maws up and doun
  Gang owre and owre and owre the sky.
The peeries wait for death wi never a soun,
The sea-maws rax for life wi never a cry.

[20 February 1947]

34

IN DARKNESS

Weirdit aye tae wander darkness,
Niver tae look on licht o sun,
Throu midnicht howes and deserts o mirk
I heard a far and fremmit soun.

I heard a din o bells and lauchter,
Skirlin o pipes and rairan sang—
My hert gaed lowp lik a bird i my briest
Tae hear hou blye the voices sung.

But suin, ower suin, the bells and lauchter,
Sangs and skirlin, dwyned awa—
The double dark o the double quaet
Stabbit my hert wi dirks o wae.

[10 March 1947]

THE GALLUS MAKAR
(To Hugh MacDiarmid)

The gallus makar begoud to sing—
  For aa it was 'winter fairly,'
He sang o simmer, he sang o love,
  He sang o the bree o barley.

He shifted a haill yearhunder's wecht
  Wi ae yark o his tongue,
He blew awa like a fuff o reek
  The nicht that blinned the young.

The cant o the kirks he strippit clean,
  The Gowden Calf stuid bare,
The merchants and meenisters couried awa
  Frae the blast o caller air.

The makar grippit the Suddron roses,
  Cramassie flouers o bluid:
The thorns gaed deep in's naukit neives
  And scarted sair and reid.

'Gae back and blaw ayont the Border,
  We hae a rose o our ain,
Smaa and white as Janiveer's snawdrap,
  Bonnilie blaws her lane.

'Mak room, mak room, ye fremmit flouers,
  Room for a rose o our ain,
Ye've stown sae muckle o Alba's gairden,
  The wee white rose gets nane.

'She's buried ablow your thousand blossoms,
  Happit frae Alba's sicht—
I'll blatter ye back ayont the Border
  And lowse her free i the licht.'

The graybeards grat for the Suddron roses,
  Girned and grat wi spite—
They'd lookit sae lang on cramassie petals
  As tine their love o the white.

But roun the makar's standard o sang
  The callants bourached braw,
They drave the Suddron roses doun
  Frae the rose sae white and smaa.

'Reid roses, back ayont the Border,
  We hae a rose o our ain:
Unhapped frae the dark til the sheen o the sun,
  Bonnie she'll blaw her lane.'

                                    [20 March 1947]

YOUNG BYRON IN ABERDEEN

Thon hirplan bairn wi the face o a angel
Will sing like a lintie and loo like a deil,
He'll lowp out-ower convention's dreel
Tae connach the God o Calvin's evangel.

His tongue will teir frae reiver and strumpet
The laird's brocades and the leddy's braws,
Tae ding doun tyranny's Jericho waas
His miminy mou will rair like a trumpet.

The haulflins nou rin by him quicker,
Mockan, 'Ye're slaw eneuch for the grave!'
But he that yet will outrin the lave
Gangs hirplan forrart, slaw but siccar.

                                    [27 June 1947]

FABLE

Sair was the gowden eagle strauchlan
  Ablow the leopard's paw,
And aye the mockan-birds were threepan,
  'Thon is the naitural law!'

But syne abune the stour the laverock
  Lilted his lifey tune,
'Gae spreid the wings o your smeddum, eagle,
  Ding thon deevil doun!'

The eagle raise on rowsan pinions,
  Beatan fornent the wund,
He lifted the leopard, deisted him laichly,
  Blattered his back on the grund.

Syne heicher nor heaven the eagle gaed spiran,
  The leopard dee'd frae the faa,
And aye the mockan-birds were threepan,
  'Thon is the naitural law!'

[16 August 1947]

SEA AND STANES

The lipperan-lapperan lick o the sea
  That splyters the stanes o the strand
Will mou and maunner a million year
  Tae mummle them doun tae sand.

The stanes stand sterk til the sea,
  Briestan bluffert and blatter,
A million year they'll warssle awa
  The whummlan wecht o the watter.

Dingan and dystan doun on the stanes
  The dirks o the faem gae dunt,
But ilka clour frae the blades o the swaws
  The branglan craigs kaa blunt.

Fornent the strang stramash o the sea
  The tholan strength o stane,
Whar baith maun strauchle endlesslie
  Wi ilk the t'ither's bane.

[19 August 1947]

LETHE

Gin the Water o Leith was the Water o Lethe
Hou deep wad I drink o its dozent flume?
Hou deep wad I droun in its drumlie lapper?
Hou deep wad I dee in its thowless doom?

But the Water o Leith frae the Water o Lethe
Is fremmit and far as the fact frae the dream—
Their burns wad as sune gae mellan thegither
As sparks frae a spunk wi the levin's leam.

Gin the Water o Leith was the Water o Lethe
I never wad sup ae bebble ava,
For wha wad mind o the life I connached
Gin I forgot i the sweelan swaw?

I' the Water o Leith (as the Water o Lethe)
I'd neither drink nor droun nor dee,
But turn frae its wanhope awa til the warld
And leave it alane tae get tint i the sea.

[16 September 1947]

PRAYER TIL WHITNA GOD

Hou lang, O Lord, or we learn tae luve ane anither,
Hou lang or we quaet the clash o wir clypan tongues,
Hou lang or we mind that men are aa thegither
Heirs o their twa-three richts and hunder wrangs?

Yestreen I spak wi a haill clanjamfrie o craiturs
That cudna but glunsh and girn at the feck o fowks
(Sic tinks, wi their scabrous weys and scunnersome naiturs!)
Sen aa their neibours were gomerils, gleds, or gowks.

'Och aye, she got merriet in time—but wha was the faither?'
'It's *Sorry, maun rin!* whaniver his turn comes roun.'
'Her man daesna buy her the claes she swanks in either.'
'He greits ower ilka farden he's forced tae pit doun.'

'A dominie—him? He hasna the harns o a cuddie.'
'She's taen tae religion nou she's been feart frae the booze.'
'She'll niver see fifty again, tho her chiel's jist a laddie.'
'Whit wey he can gang wi her, gyaud! I canna jalouse.'

A yammer and yatter o claikan clishmaclavers,
A stab at the craig o gentrice in ilka word—
Hou lang or we turn frae aa sic hauntand havers
And daur tae loo as yet we niver hae daured?

Hou lang or we scran wir herts for their strangmaist pyson
And ken it the stoun o wir ain self-hatred's stang?
Hou lang or thon hate is owerset tae luve and reason?
Hou lang, O Lord, or we needna speir *Hou lang?*
                                        [25 October 1947]

HAAR IN PRINCES STREET

The heicht o the biggins is happit in rauchens o haar,
            The statues alane
        Stand clearly, heid til fit in stane,
And lour frae *then* and *thonder* at *hencefurth* and *here.*

The past on pedestals, girnan frae ilka feature,
            Wi granite frouns
        They glower at the present's feckless loons,
Its gangrels tint i the haar that fankles the future.

The fowk o flesh, stravaigan wha kens whither,
            And come frae whar,
    Hudder like ghaists i the gastrous haar,
Forfochten and wae i the smochteran smore o the weather.

They swaiver and flirn i the freeth like straes i the sea,
            An airtless swither,
    Steeran awa the t'ane frae t'ither,
Alane, and lawlie aye to be lanesome sae.

But heich i' the lift (whar the haar is skailan fairlie
            In blufferts o wind)
    And blacker nor nicht whan starns are blind,
The Castle looms—a fell, a fabulous ferlie.

Dragonish, darksome, dourly grapplan the Rock
            Wi claws o stane
    That scart our history bare til the bane,
It braks like Fate throu Time's wanchancy reek.

                        [21 November 1947]

THE GOWK IN *LEAR*

It wasna the King, it wasna Heich-Degree
    That sang fornent the levin—
Reivit o micht, as tuim as a howe tree,
    He hurled a challance at heaven.

Nor Fairheid sang at the drumlie yett o death
    Whaur shade and sunlicht grapple—
Deep in a dungeon's dark she tint her breath,
    A raip aroun her thrapple.

And Lealtie happit his truth in a ragment o lees,
    A babble o bedlamish blether—

Wud as the wind he skirled at the levin's bleeze,
  His tongue gane wild as the weather.

Nane o them, Lealtie, Fairheid, Heich-Degree,
  Could sing whan the thunder duntit—
Wae had stown their sangs frae aa the three,
  And dule had left them runtit.

For wha could sing whan the lift was a fiery lowe
  Whaur mune and starns were burnan?
Nane but a Gowk wi nocht but dreams in's powe
  Could mak at a time o murnin.

Nane but a Gowk wi nae mair wits nor a burd
  Could sing like the marlit mavis—
What man that's wyce sae loves the livan word
  As sing i the howe whaur the grave is?

Nane but a Gowk could sing whan the warld was hell
  And Christ dung doun by the Deevil—
Nane but a Gowk owre glaikit to fash for himsel
  Could lauch i the lour o evil.

Nane but a Gowk could sing—whan wyce men's sangs
  Were stown, and saunts were quaet—
The weird o the warld, sae wyvit o richts and wrangs
  That nane but a Gowk could spey it.

                                        [21 December 1947]

42

STRAVAIGER'S SANG

I hae been ower the sea
In Normandie,
Whan death cam out o the dawin's hayr
And bullets skirled i the simmer air
Whar cherries dreeped like bluid frae ilka tree.

I hae been ower the land
(The tour caa'd Grand),
But yet the anelie 'sichts' I saw
Were a brunt roof and a broken waa
And a cauld corp wi a gun in's connached hand.

I hae been ower the warld
And fund it marled,
Its pattren warked o white and black
Whar guid has evil aye for mak,
As twa are ane i the lither o luvin snorled.

[11 January 1948]

MIDNICHT SANG

The fire burns laich,
The clock wins roun to twal,
And I maun dwall
Alane, and dreich.

My love is taen,
I hae the dark for bride,
And I maun bide
Dreich, and alane.

[11 January 1948]

43

SKULL SANG

Gangan my gait, I walk or rin,
And yirth ablow me aye is banes,
I set my fit on my guidsir's skull,
Albeid his bluid is in my veins.
I set my fit on my guidsir's skull
That liggs sae laich i the mools aneth
As I traivel the road that spans the warld
And leads me on til my ain death.

[1 August 1948]

THE FLEGGIT BEAST

Deep i thon hidie-hole, my hert,
Whit fleggit beast maun slink and stert
Tae hear ootside and ower the warld
The bellin o the hounds that hunt him bowffed and snarled?

Whar freelie aince he gaed his gait,
Or antlers shawed his grawn estate,
He mayna lift his hornit heid
But horns in hands sing out tae hunt him til his deid.

Langsyne he kent nae hairm ava
In howe or hill, in park or shaw,
But whar in aa the warld's roun
Can luve be happit safe whan hatred dogs him doun?

[1 September 1948]

46

CONTINENT O VENUS

She lies ablow my body's lust and love,
A country dearly-kent, and yet sae fremd
That she's at aince thon Tir-nan-Og I've dreamed,
The airt I've lived in, whaur I mean to live,
And mair, much mair, a mixter-maxter warld
Whaur fact and dream are taigled up and snorled.

I ken ilk bay o aa her body's strand,
Yet ken them new ilk time I come to shore,
For she's the uncharted sea whaur I maun fare
To find anither undiscovered land,
To find it fremd, and yet to find it dear,
To seek it aye, and aye be bydan there.

[17 November 1948]

BAIRNSANG
(For Crombie and Ewan)

Atween a burnie and a brae
I met Auld Cloutie, geyan wae,
For he raired and he grat,
He sputtered and spat,
He bowffed like a dug and he meowed like a cat—
Hae iver ye heard o the likes o that?

I speirit syne Auld Hornie's news,
The reason for't I cudna jalouse,
That he raired and he grat,
He sputtered and spat,
He bowffed like a dug and he meowed like a cat—
For I'd niver heard o the likes o that.

47

But fient a word Auld Nick wad say
Atween a burnie and a brae
Whar he raired and he grat,
He sputtered and spat,
He bowffed like a dug and he meowed like a cat—
And that
'S that!

[17 November 1948]

DEATHSANG FOR AN AULD MAN YOUNG
I.M. *Robert Scott*, 1865-1948

I

Some dee without a soun,
Some greet and greet tae dee,
But aa ligg happit laich i the grun,
Or deeplie drouned i the sea,
Or blawn about like stour i the win',
Endlesslie, endlesslie.

II

The mools frae the minister's neive
Gae dirl on the aiken kist—
We mourners, kennan wirsels alive,
Shudder tae hear the stanie dust
Sae dunt abuin the dust we've come tae grieve,
The column o clay streeked out wi a flouer in's fist—

The column o clay sae bleached o the bluid
Whas colour aince wad lowe like fire
Tae bleeze his cheeks a rowan-reid
And flush wi rose his lyre,

The column o clay whar bluid's ebb-tide
Has drained awa and left the beaches bare.

Colour o sand his cheeks and brou,
Colour o sand his lyre,
Colour o sand his grippit mou
And ee-lids shut abuin a sichtless stare,
In aa this dwynin doun til ae drab want o hue
The anelie glint thon sea-faem white, his hair.

Nae colour's left, ablow the aiken lid,
But drab o sand and white o sea,
Nae mair is left whan he is laid
Yirth i the yirth, a column o clay
Whas bluidless fingers grip a rose bluidreid
And dewy yet frae hingan on the spray.

III

October greets, the ee o the lift
Is blearit ower wi cloud,
The rain like tears comes doun on the wind's drift
Tae whar we're stuid,
Ablow the dreepan trees whas leaves hae left
The branches naukit, faan wi the faa tae fade.

Colour o sand, in drifts ablow the trees,
The leaves are deid in dreich October's grey,
Their simmer greenness tint, September bleeze
Brunt out and smoored awa,
Their glints o gowd and wine but roust and lees,
Their bonnieheid but blae.

They're faan frae the trees and faan i the draigled girss,
They're faan frae the trees and faan i the open grave
That girns, a gash i the yirth, wi a raw scar's
Unhealit mou, tae tell whar the iron drave,

Iron that dug thon hole tae hap his corse,
Iron stounan wir herts we canna save—

For wha can save his hert frae the stouns o wae,
Houiver he wap it about wi hardiheid?
Baith Time and Fate, at the end o the hindmaist day,
Unpick, unwap, the wyvit skeins o threid
That raivel roun the hert, till reft o aa,
It's bare tae thole the stabs o the warld—and bleed.

O bluid that dreeps and dreeps frae my stabbit hert,
Ae drap is mair nor's held in aa his veins
That aince, like rivers, throu his ilka airt
Gaed breengan fou—as eftir monsoon rains
Burns will gang rairan ower some desert pairt
Whar river-beds were trenches strawn wi stanes.

But nou aince mair the river-beds are dry,
Toom o the flood that lained the desert life,
Nor aa the watter greetan frae thon sky
(That canna green again the runkled leaf)
Will slocken a drouth that's doomed tae laist for aye,
Tae laist for langer far nor mourners' grief.

October greets, but greetin's aa in vain,
For winter's ower his days,
And spring may come, but nae for him again,
Nor onie man that dees—
Lat the winds blaw and the clouds rain,
He winna care whit onie weather daes.

IV

Whit weathers, snaw and sun and shouer,
Hae faan upon him, licht or lourd!
Was't fair, was't fell, the day his mither bure
The bairn that we the-day hae watchit laired,

A man that weathered out his auchty year
Wi ilka season's cantrips langsyne leared?

Wha kens? Wha cares? For fair or fell,
Speldered wi sunlicht, smairged wi snaw,
The day o's birth is yet a day tae tell
(Albeid there's nane tae speak it nou that saw)—
Gin I'd been there I'd dinged on ilka bell
Tae honour ane wha'd live his life sae braw.

Och, there was lauchter leamit frae his mou
Fiercer nor fire, that eild cud niver dim,
Nor aa the runkles scrievit ower his brou
Cud scrieve that auchty year had connached him—
Their leiden wechts were straes tae seek tae bou
His shouthers swack and strang for tholan them.

Sic swackness scarcelie kent their wecht ava,
But bure them licht as onie feck o feathers!
Sae straucht he stuid, his stance itsel wad caa
The cares o crynan eild auld-farrant blethers,
A fleggan tale for man tae fleg awa
Wi dauran ilka dunt o the warld's weathers.

Yet aa the dunts had niver scarred his blee
Nor bruke a glisk o lauchter frae his lip—
A starn o gledness sclentit in his ee,
Mair bricht for aa the weather's stang and nip
As time grew cauld wi winter's weird tae dree,
Mair bricht for the darkened lift and the wind's whip.

And sic a starn micht guide some King o the East
That socht a sign tae save the herts o men,
For thon's a licht that Parliament nor priest
Can spell the secret o—nor makar's pen—
A lowe that burns in a bodach's ee and briest
Throu auchty year o sunsheen, snaw and rain.

V

Aften, wi saxty year and a table atween us,
We've sat on a Setterday nicht and wauchtit the wine
(Tho Sunday's daw tae different ploys has seen us,
Him til the kirk and me tae maitters o mine),
We've spak o this and thon as the fancy's taen us,
The weys o the warld or the weys o Thingummy's quine.

And aye his hert was licht, his leid was gay,
And aye his wit was shairp and clear and strang
As whisky's aulden guidsir, usquebae,
That bit the breath—but nae wi onie stang,
And aye his lauchter lowped the wabs o wae
That time had socht tae snorl him in for lang.

His face wad lunt wi the bleeze o delyte in's bluid,
A richer rose nor thon that ilka day
For buttonhole he'd pou frae whar it stuid
Aside his yett (the place the bairns wad play),
Wad lunt wi thon luve o life the years hae hid
Frae ither bodachs' herts wi haars o grey.

His face wad leam i the licht wi a licht o its ain
That brunt the mochy reeks o eild awa
As gin a bleeze was fired in's bluid and bane,
In eagle-hookit nose and jut o jaw,
In breadth o brou afore the eident brain,
In hair that crouned his heid like sunlit snaw.

And aye his lauchter—och, his lauch was young!
Nae hauflin callant, kissan his first quine,
Cud soun sic gledness frae his throat and tongue
As he whas lassies aa were kissed langsyne
But minded yet the sangs his hert had sung
And kent the lips o life ower sweet tae tine.

VI

But yet he's tint them nou, the lips o life,
And death's is the toom mou he's kissan thonder,
Faan i the grave ablow the faain leaf,
Ablow the clouds gane black wi the threat o thunder,
The rain that rins like tears o endless grief,
The yirth that wecht o watter seeks tae sunder.

The flouers wir hands hae laid tae deck his lair
Hae aa their petals weet and lourd wi rain
That suin maun weir them doun tae naething mair
Nor wisps o withered girss, their colours taen
By watter's washan tongue that licks them bare,
Bare as the leaf that's faan and faded syne.

And aa the yirth is dubs ablow wir feet
That walk awa frae whar he aye maun bide,
It's us maun march the chancy warld and meet
The dunts o time he lauched at or he dee'd,
It's us maun daur the brash o wind and weet
Whas blatter cudna mak him bou his heid.

For him the daurin's by, he liggs wi death
Ayont the hungered raxin-out o Fate,
Nor aa the waes o the yirth he sleeps aneth
Hae siccan deeps o dule as gar him greet,
He tint wir trauchles whan he tint his breath,
Whan life gaed ower, and aa its warsslin wi't.

His trauchles tint, and aa his lauchters stown,
He liggs i the yirth aside his anelie kin,
His new-fund brithers, dust and clay and stane—
He'll niver mair be kent and niver ken
Himsel a man whas hert cud steer and stoun,
A man that lived amang the lave o men.

He'll niver mair be man, but mell wi the yirth,
Wi leaves and flouers in dreich October deid
That coorie back til the mools that gied them birth—
The ruits o girss will faisten roun his heid,
And frae his dust the daisy springan furth
Will flourish fair without a thocht o dreid.

VII

It's we maun dreid, that seek aroun his room
And see his gear but canna sicht himsel,
It's we maun dreid, that ken the chalmer toom
That aince wad ring wi's lauchter loud's a bell,
It's we maun dreid, that hear the silence soom
Whar swaws o speech were used tae swing and swell.

But look! The door's thrown open, in he rins,
The twa-year-auld, great-grandson til the deid,
The lowpan loon whas lauchter daurs and wins,
The bairn that luves his life and winna heed
Wir fears o fate, comes ben and syne begins
Tae jig for joy, tae dance wi's dancean bluid.

Dance, my laddie, thon's 'The Rite o Spring',
The jolly jig that capers dule awa,
The dance that connachs wae wi dunt and ding
As heel and tae in lichtsome lift and faa
Gae tap in time tae the tick o the hert and the swing
O' the sea i the bluid that kens nae ebb ava.

Dance, my laddie, dance i the toom chalmer
Till aa the winnocks dirl tae the jig o yir feet!
Yir dance can teach us, mair nor Greek and grammar
And fikey words that preacher-chiels repeat,
That joy is nae a fause fictitious glamour,
But real as the pulse o the bluid and the hert's drum-beat.

Dance, my bairn! Yir faither's faither's faither
Wad lauch tae see ye lowp wi jiggan tae
Like Scotland's Pan on a muir o whins and heather
Caperan blye albeid the lift was grey,
Caperan blye as gin the warld was raither
A lowe o gledness nor an aish o wae.

Sic joy was in *his* hert that livit here
As nou has set *your* feet til eident play,
For ower the gantan gap o auchty year
The brig o bluid was spanned atween you twae,
The bodach and the bairn that kent nae fear
Sen baith had bluid and herts that danceit gay.

Dance, my lad, for yir frien whas dancin-days
Are deid as yours are anelie at the daw,
Dance for yir frien, for joy, for aa that says
An 'Aye!' til the spieran hope that life is braw,
And dance lifelang until at last the haze
O' death comes doun sae dark ye trip and faa.

For laddie, born o the lass I luve and me,
Sae was the man whas grandson's bairn ye are—
He stuid as straucht and strang as some auld tree,
Green til the tap, that focht the langest war
Wi storms o time and chance, and didna dee
Till lichtnin struck and killed him frae afar.

VIII

The copper-beech out there at the mairch o the park
Has ruits i the yirth and branches brushan the sky—
Atween they twa, its trunk's a column, dark
As gin the tree, in days langsyne gane by,
Was cast in bronze, a maister-craftsman's wark,
Tae stand abuin the years that ran agley.

It's standan yet, tho monie and monie a man
That kissed his quine ablow thon beech's shade
Has runkled awa like the autumn leaf and faan
Tae ligg i the yirth whar the ruits o the tree are laid,
The livan ruits that frae sic deaths hae drawn
The sap o life whance ither leaves are made.

The bud o the leaf, the flouer o the leaf, its faa,
The naukit branch, and syne the bud aince mair,
Sae monie times thon tree has kent them aa,
Springsang o birds and winds o winter's rair,
As years hae run like breengan burns awa
Tae thon Deid Sea, the past, and drounit there.

Aside thon life, my guidsir's auchty year
Are scarce a season, scarce as lang as spring—
Thon view o life wad gar his days appear
As gin his birth and death were the ae thing,
The bairn the bodach, bodach bairn, tae breer
And fade at aince, sae close they'd mell and ming.

But trees nae mair nor men can conquer time,
Houiver lang they stand abuin their lairs,
Houiver lang they daur the rain and rime,
Their hindmaist end is death, that niver cares
For length o days, for youth, nor eild, nor prime,
And dings doun corn wi cornflouers and wi tares.

Death is the end for aa, for the auldest tree
As the bairn new-born or the man still young in eild,
But life is mair nor time can haud in fee,
Is aa the gledness smeddum gars it yield,
A luve, a lauchter, spiran bricht and hie,
Till silence faas i the grave's unlichtit bield.

Glasgow, 1st—20th November, 1948.

56

TERRA DESERTA

I

The young men born from the bitter womb of the desert
Into whose waste in days of anarchist anger
Their fathers blundered blindly, mad with despair,
From harvest-fields whose crops were suddenly buried
Beneath a barren avalanche of stones—
The bleak young men with callous hunters' eyes
Shrugged at the fears that haunted their peasant fathers.
Not having known the lazy meadow-lands
Where rivers brimmed their banks the summer long
And apples dropped like gifts from every tree,
But staring always upon a blank horizon
Of never-ending, shifting, shiftless sand
Within whose thirst the wells were shy and few,
They flighted arrows to break the flight of the vultures
And shafted spears in the starved infrequent fallows,
Accepting the long lash of the sun's hatred,
The horror that leered from always indifferent skies.

Alas, led back by taunting memory,
Far off their fathers saw the gleaming cornfields,
Rich with their golden granaries, and meadows
Crammed with a countless crop of sheep and cattle,
And tired fingers ached to grip the sickle
And stumbling feet to follow the shearing plough.

But the sons, necessity teaching ready hands,
Had beaten the ploughshares into tools of death,
The spear, the knife, the arrow, murderous symbols
Shaped by their lives for life, since none might live
A day in the desert except he hunted the lion,
The lean heraldic beast, himself a hunter.

Born to hunger, bitter, quick, and hard,
With weapons in hand and scarcely a song in their mouths
But savage ballads chanting pursuit and slaughter,
They lived forever in expectation of anger
And lived by courage alone, without the leisure
To hear in their hearts the deep ancestral longing.
But in their fathers' hearts it rang and rang
Mocking across the desert, sonorous bell
Booming as from the church at evensong
When in the fading light from field and pasture
The farmers laid their tools away and walked
Home to the certain warmth of welcoming hearths.

II

When at the last the desert years were ended,
The promised land revealed no easy garden
Jammed with a jostling wealth of wheat and clover—
A world of sand gave way to a world of stone,
Wrought of such rock that water's scanty trickle
Scarcely could aid the fistfuls of grass struggling
To wrench a greenery out of the scorching sunlight.

The elders stood appalled, remembering Egypt,
The brimful rivers dawdling down, through meadows
Shaggy with corn, and cattle-crowded pastures,
Into a thronging sea whose every tidefall
Spangled the sagging nets with scales of silver.
Such memories had they hoarded up like treasure,
But recollection's gold was dust and ashes,
Worthless, faced by this rocky revelation.

Yet to their sons, conceived and born in the desert
Out of reluctant loins, and bred to hunger,
Their lives one long continuous hunt for water
(Those brackish puddles ringed by skulls and bones),
To these, whose eyes had always stared on sand

And never guessed a different view existed,
This world of stone was marvellous as a legend.

For in this rocky soil they saw not only
Another possible world where irrigation
And careful husbandry might force the autumn
To yield them up a novel wealth of harvest,
Not this alone, but more, a farther vision,
Another God, a different law of living,
New ways of love, a surer mode of moving,
Where comradeship could join its power to building
That once had centred all its strength on slaughter.

Meantime the elders dilly-dallied, fearing
To journey farther, lest—in this unknown country
Whose very strangeness stripped them of any skill
And laid them level again with the clumsy prentice—
They lose the power their desert cunning lent them.
But now the young men broke their long obedience,
Left them muttering curses and foolish prayers
And took the road alone but always forward
Into that world where only craft and courage
Were staffs for striking water out of stone.

[4 December 1948]

ON PUBLISHING A BOOK OF VERSE

Here I'm naukit, here I'm strippit bare—
What aince my dress o silence happed i the dark
Maun thole the wanton ee o the warld's stare,
Maun stand afore its session needle-stark.

'What scrawny's thon, whas ribs sud clicketty-clack
Wi fient the flesh atween tae haud them still?'

59

There'd aye be a hunder hauflins
To grein for a gowden quine
And carlins beld and carlins grey
To mind and murn langsyne—

Whate'er gaed tapsalteerie,
The lift, the sea, the land,
Nae chairm could cheenge the benmaist spreit,
Sae thrawn to mak a stand.

[31 August 1949]

BLUES FOR *THE BLUE LAGOON*
(Rain in Sauchiehall Street)

I

Dowie the air,
Darker nor dayligaun at heich-o-day,
A soss o smeik whaur licht and colour dee,
A blash o blinteran rain whaur lauchters smore.

Dowie the lift,
Baudrons wi belly laich and draigled fur
Creep-creepan owre the sclates, a crawl o fear
That looks to faa but somewey bides alaft.

Dowie the street,
Stanie siver fyled by soot and glaur
Whas blackened waas in scaurs o shadow lour
On barkit kerbs and causeys, thrang wi threat.

Dowie the croud,
Buttoned coats to haud the rain awa
And faces buttoned ticht fornent their wae—
'Better they grat their grief,' the makar cried.

II

'Dark, dark, dark, they aa gae intil the dark'—
Frae dark o the street, ice-grey, a gurlie gloamin,
Til deeper dark o delusion, bocht for a bob,
The pictur-palace, darkness bealin-blue
And lourd wi the spicy guff o cloves and musk
As the breath o a blackamoor lass i the heat o love.

Projector lunges furth his phallic licht
To quicken the screen wi life in images, skinklan—
A warld the ferlie o this, whaur lad and lassie,
Sunflouer-gowden, gant at the gowden sun
That drouks their petal powes in siccan a glister
As turns the towmond's ilka season simmer.

A technicolor lee—the Blue Lagoon
Like Swan or Stephen's, save whaur reefs o coral
Gae kaiman the showd o the swaws to lappered cream,
And thonder, 'a precious stane in a siller sea,'
Thon 'emerant insch'—wi palms and bricht hibiscus—
Paradise bleezes, 'Eden's bonnie yaird.'

Aye, it's the Gairden—see, thon's Eve and Adam,
They weir their fig-leafs nou the 'with-it' wey,
Their brassières, breeks and hippens o bark and rashes
Are cut wi a stane til the coolest o Carnaby styles
That hap just eneuch but aye leave as guid as a feast
To kittle the fancy and open the ee o desire.

But whaur's the Deil? There maun be a Deil in Eden
(Auld Milton, aye, and the Bible tells me sae)—
He's thonder, sailan in frae the warld's oceans,
A creishy Deil, as bag-o-guts as Bunter
And hungert for pearls and wemen (siller and sex),
His ee on the Gairden's oyster-beds—and Eve.

And nou, the Faa—they're set, the fowk, the scene,
For tummlan temptations, the t'ane on tap o the t'ither,
A stour o stanes to connach innocent Eden
In brokken bittocks, blads o bruckle sin,
Whaur Eve and Adam, aa their joy gane wersh,
Maun lowden ablow the rage o a richteous Lord.

But thon's a wheen o fause auldfarrant blethers,
Believe that will, and this is anither Eden
(A parish muckle improved on the thowless past)
Whaur Eve wins free o the Deil at the hindmaist flichter,
Jinks out o Hornie's airms as he hudders deid,
A dirk in's back the price o aa his ploys.

For here's a warld whaur Wilderness wae and the Gairden
Never can mell, and evil's a Wilderness word
To cry and cry *ayont* the hert o man
Wi fient the echo in siccan a seelie Eden
Whaur innocence maks sae clear and sweet a music
As drouns the yammeran lust o the lickerous Deil.

There's sunlicht alang the lagoon, there's bodies o bronze
Like warsslers thonder, wapped in romantical love—
For aathing's pure til the pure, whas spotless sowls
Are maiks wi spotless bellies, breists and houghs
(The near-til-naukit proof that cleanliness nou
Is sib til godliness dovered in Eden's dwaum).

There's sunlicht alang the lagoon—i the pictur-palace,
Darkness whaur aa hae tint their sels for a while
To look at the leean shadows, wishan them substance,
Wishan the Deil was deid and Eve in their airms
On some far insch wi the rantan rair o the warld
Gane laich and lown as the hush o swaws on sand.

III

Frae darkness whaur the licht o lees is shone
    For siller's fee,
Til wind and watter, dark o dayligaun,
    And truth for free.

Nae Gairden, mixter-maxtered gowd and green
    In Eden's airt,
But stour o rain and reek in trauchled een,
    And wae i the hert.

Nae flesh like bronze, til sunlicht strippit bare—
    Here's wind and weet,
A coorser clime to thole nor Eden's pair
    Fand simmer's heat.

Here simmer's short, and syne there's aye the Faa,
    The hairst comes in—
We canna cheat the Deil and jink awa
    As Eve could rin.

We canna jink the Deil, owre straucht the street
    For siccan a ploy,
But aye maun daur his strength and strauchle wi't
    To win our joy.

A strauchle lang as life i the street o stane,
    Sae lang at least,
Sen aa maun fecht to the deid a Deil o their ain,
    The hert i the breist.

[3—4 September 1949]

TWA IMAGES

I
The Twa Images

Twa images o doom
My terrors lour afore my een—
The t'ane I mind, and mindan cry *Forget!*,
The t'ither courie back frae in a dwaum,
But canna free mysel o either stoun.

II
The Image Minded

The keek-o-day a ruin's darklin corner
Wabbit in reek and haar,
The wabsters field-grey men,
Sae belted, banded, hung wi spikes o steel
(Gun-barrels, tripods, tools to howk the grund)
That nou, whan bullets dunt them doun
To hump and sprawl amang the aipple trees,
They're attercaps for aa that, iron airms upflung
For aa that their ain are faan and flat wi the mools.

Wabster mysel,
Sae belted, banded, hung wi spikes o steel,
I gaird a connached wab
The knotted neives o mortars blatter doun—
The raivelled wire,
The yirth aroun the grippit lips o the trenches
Gane splatteran starred like dubs ablow a stane,
The broken-backit snakes o smuke
Warsslan amang the aipple-trees
Whaur field-grey wabsters jink and rin and faa
In time til the bren-gun's habberan-hubberan tongue.

66

A spandau corncrakes frae its nest o haar
As a shouther jogs my ain,
I jerk my heid to see wha stands sae near me
And see him faa sae near me,
Backwart,
Thon shouther close to mine a hert-beat by
Gane closer yet to the grund,
And see, as he faas,
The burn o bluid that held him aince frae faain
Comes fountain-lowp
Frae whaur the bullet punched in's paper cheek
Thon hole sae smaa a farden's roun wad hap it—
Comes spout-o-scarlet up to the mirken air.

III
The Image Dreamed

Embro, a simmer day, the wind blawan,
Shakkan the licht like watter shook in a gless,
The North Brig in a single lowp
Frae scaur o stane to scaur o stane
Abune a howe that fumes wi reek,
And thonder ane whas face I canna see
Faain forever, faain doun and doun
Atween the scaurs,
Atween the windy lift and the reekan yirth,
Doun
And forever doun.

IV
The Images

Twa images o doom—
The lilt o my hert gaes hirplan lammiter slaw
At sicht o either,
But yet, though baith can teir my flesh

67

Wi the teeth o the same terror,
Their faces thraw in different frouns.

Mindan, I see the first ane mirrored,
Ilka detail Breughel'd back til the ee
Perjink and plain,
Frae runkles rived i the bark o the aipple-trees
To stour on a sodger's knuckles scrabblan the grund,
The haill reflection fact,
And terror thonder fact like aa the lave
As ane sae close—yet nae mysel—
Gaes backwart ower and doun
And out o the mirror.

Nae mirror, this, my second fear,
But etched on the bare lift in lines as bare,
The brig, the scaurs o stane, the wind blawan,
The reek ablow,
And ane whas face I canna see
Faain atween,
Nae mirror this, but melled frae myth and ferlie—

The brig's the North in Embro toun
And yet thon 'broken brig'
Whaur 'Babylon blaws by in stour,'
And look, thae columns heich on the Calton Hill
(A scaur o stane)
Are temple ower Troy,
And him that's faain doun and doun and doun,
The face I canna see,
He micht be Icarus
Or I.

[17 October 1949]

LETTER TO ROBERT FERGUSSON
On the Bicentenary of his Birth, September 1950

Dear Fergusson—They've Ramsay's statue clean,[1]
But yours they couldna touch—ye haena ane,
And wadna hae a stane abune your lair
But Burns, your 'younger brither,' laid it there—
For wha's the lad to love a makar's sang
(Whan baxters, bylies, aa the haill jing-bang
O' toun-heid patrons, pass his singin by
For ither makars wi a fremmit cry)
Gif no the scriever, like yoursel a Scot,
That kens *your* scrievin saved *his* page a blot
A hantle whiles, and shawed his words the gait
To lead them fairheid-weys whan they were blate?

Ye spak o music aince, a while sinsyne,
O' 'vile Italian tricks' the warld thocht fine,
O' 'foreign sonnets' hung wi triumph's bays
Whan dubs were dingit doun on hameil lays;
It's aye the same, and no a wheen mair rational,
Though nou we caa the wey o't 'international'
To tak sic tent o tunes frae ither airts
And never fash for Scottish sangs-o-pairts.
What gowk wad praise your 'Birks o Invermay'
Whan Bartok's folksy ferlies stairt to play?
The Scottish reel may tap her taes for lang
Whan Khatchaturian's sabres clank and clang,
Sen nane will dance wi her, nor think it queer
To wiggle their hurdies ower the conga here
And kick and thraw like a herd o doited stots
In onie jigs but them that were made by Scots.

1. Allan Ramsay's statue in Princes Street Gardens, Edinburgh, was cleaned
in honour of the performance of his pastoral play, *The Gentle Shepherd*, at
the Edinburgh International Festival of 1949.

Nae monie seek to hear a tune frae hame
Whan fremmit tooters blaw a fremmit fame
For sangs frae Paris, Budapest or Rome
Whas farness maks them fair, and sae they come
To conquer fowk that love their reputations
(Sae lang as they're the wark o ither nations)
And praise wi pounds a fremmit bard far raither
Nor fling a meck to '*Him?* I kent his faither!'

There's some wad mak ye out ower fond o drams,
And some declare ye far ower free wi damns
At aathing furth o Alba's coorse-like Eden,
But siccan fauts—gin fauts they were—are needan
Anither defence nor mine, sen I mysel
Hae drunk my dram and damned the warld to hell,
And doutless ye'd your reason wi your rhyme
Gin warld and flesh and deil in aulden time
Were mair or less the warld and flesh and deil
That herrie the hert and the harns o the modern chiel.

For aye we're deaved wi clapper tongues that ding
A dregy ower the sangs we fain wad sing
In Scots or Gaelic ('Saft auldfarrant havers!')
But clink sic peals o praise for Suddron quavers
Ye'd nearhand think they thocht in Suddron speak
(Though Suddrons find their thinkin gey like Greek),
For aye whan heids are tuim the tongues'll tirl,
The daftest mak the loudest din and dirl,
And aye what's fremmit's fine and what's our ain
A puir-like thing for makar gowks to hain.

I'll no deny some fremmit sangs are braw,
But gin mair fowk wad read your sangs an-aa
They'd see—like Burns—a chiel o note (and notes)
Had scrieved atween the Tweed and John o'Groats
And aa the talents werena south and hyne

On Thames or Tiber, fousome Fleet or Rhine;
But gin they neither ken nor praise your fame
There's ane at least will aye cry up your name
(Warse luck that sic a cryin's muckle nott),
And here's my ain—Yours, Alexander Scott.

[2 November 1949 and 6 January 1950]

LOVE IS A GARTH

Love is a garth whaur lilies are gay
    O pree them early!
And roses brier on the emrod brae
    Sae reid and rarely
To lure the lover's hand to play
    And pree them early.

Love is a garth whaur aipples are fair
    O pree them early!
And cherries jewel the ryces' hair
    Sae reid and rarely
To gar the lover linger there
    And pree them early.

Love is a garth whaur lasses are licht
    O pree them early!
Their lips beglamour the eident sicht
    Sae reid and rarely
To mak the lover lang for nicht
    And pree them early.

[7 January 1950]

SANG IN SKAITH

I bruke my hert for a lass was bonnie,
I tint my sleep for a lass was braw,
I speired at ane but I gotna onie—
And time maun smoor the skaith awa.

The simmer brunt meridian-gowden,
The winter slounged the yirth in snaw,
But spring has gart my blossoms lowden—
And time maun smoor the skaith awa.

My birth was aneth a chancy planet,
My death maun licht as the starnies faa,
But the sun aye stands and the yirth birls roun it—
And time maun smoor the skaith awa.

[6 November 1950]

I SPAK WI THE SPAEWIFE

I spak wi the spaewife, speiran cauldrife questions,
And she gied back to me her snorlit answers,
And aye frae the crystal, set on the stane atween us,
I glowered awa, but still I saw its picturs.

Twa images thonder mellit to mak a ferlie
(As amber gless micht sink in amber water
Till twa looked ane, and yet were twa in spite o't,
The sunlicht strikkan baith wi a different glister)—

The t'ane:—a hawk that hung i the brou o heaven
On wings sae swith to tirl they seemed to stand,
The wheel o the warld sic deeps o faa ablow him
Shrunk til a nest to stoop on, rive, and wound;

The t'ither:—a laverock, tashed wi grumly talons
And dunted doun on the yirth to dee i the stour,
Her breist a sotter o bluid, but wings aye reemlan
To spire frae the death that limed the livan air.

And yet, and yet—they mirlit, the t'ane in t'ither
(The amber flume aneth the amber gless
And ower it syne, a faa and lift o lappers)
Till truth was tint in a swither that looked like lees.

For whiles it seemed the hawk whas pouerless pinions
Sklintered in stour, or the laverock raise frae death
On kelteran wings that heezed him kaiser o heaven,
And whiles they mellit sae close, I tint them baith.

The crystal stuid on the stane atween the twa o's
And opened afore my een the twa o'ts picturs,
And aye I speired at the spaewife cauldrife questions,
And aye she gied me back her snorlit answers.
                                        [7 November 1950]

SENSES

    The beast in its earth ablow me,
    The bird i the lift abune,
    Hae aa their senses lively
    To watch the warld gae roun.

    But here I walk atween them
    Wi dazzle-darkened een
    And lugs that the rair o the city
    Has deaved to simple soun.

    I walk in a warld atween them
    Wi theirs outside my ken,

A kind o stravaigan statue
Wi harns in a heid o stane.

[7 November 1950]

STEEL ON STANE

'Ingabeorg is the brawest o wemen'
—Sae it's scrieved i the Orkney tomb,
An aix the pen, the page a boulder,
Letters runic, hyne frae Rome.

Vikings reivit the tomb for treisure,
Fand there only a rickle o bane,
Yet some that socht i the deidly chaumer
Scarted thon lifey words on stane.

Nou they're deid themsels, the reivers,
Laid awa in loveless lairs
Or brunt wi their boats on widowan watters,
Wreckit their fame in sands and skairs.

Gane the greed for gowd and glory
Drave them to doom as sodgers and seamen,
Yet steel on stane aye stobs like passion—
'Ingabeorg is the brawest o wemen.'

[6 March 1951]

BAYBLE
(Frae the Gaelic o Derick Thomson)

On the mairch o the arable, in atween twa lichts,
The peesieweep rins and stands, and rins and stands,
The white faem o's breist the gloamin starn,
Baith fund and tint in my lookin,
And the sweetness o simmer
Baith fund and tint by my senses,
And the heichmaist draffs o contement's lipper

Baith fund and tint in my musardrie.

Bayble, the bay ablow me, and liftward the clachan,
For aye the jow o the sea, its seekin and skaichin
Atween the chuckies, atween the cracks o the craigs,
Ablow the sand o the hyne;
For aye, the clachan's kelter, death and christnin,
Prayin and coortin, and herts a thoosand
Swaullin and sinkin doun, and here,
The peesieweep rins and stands, and rins and stands.

[12 October 1951]

ROSE
(Frae the Gaelic o Derick Thomson)

I saw a rose on history's craig-face brieran,
soukan sap frae the stane frae age til age,
its flourish sweet i the faithfu mindin o men,
and I mairvelled sae muckle o fairheid aye shud live
i the saut lick o the sea and the hack o 'ts swurd;
and strauchlan sair I raxed to the crack o the rose
and lifted and planted the tree at the mairch o the gairden;
but och! there's no a care can hain it here,
nor flichter o warld's sun will gar it flourish.

[15 October 1951]

WYVAN WORDS AND WYVAN DWAUMS
(Frae the Gaelic o Derick Thomson)

Wyvan words and wyvan dwaums
Has reivit aa my peace for aye,
But wyvan yir gowden curls has brocht me
The maist o trauchle ablow the skies.

Thir taiglan locks that hae stown my reason,
Thir lips' bluid-reid, thir een's lown glent,
The bonnie body my luve had need o,
What wey did ye no hap in-ben?

I'll no deny, white-handed darlin,
It's you were makkan me lawlie and dreich,
Wyvan dwaums and wyvan ballants,
The-morn aye cankert for sake o the-streen.

[15 October 1951]

THE WALL
(Frae the Gaelic o Derick Thomson)

There's a wee bit wall i the midst o the clachan
And girss is happan't,
The sweet green girss in a close thackin.
O' this it was an auld wife tauld me,
But—'The breckans,' quo she, 'are smooran the causey
Whaur aften I walked wi my cogie,
And the cogie itsel is warpit.'
Whan I lookit intil her face's runkles,
Aroun the wall o her een the breckans were brieran,
And steekan't, steekan't.

'There's naebody nouadays gangs to yon bit wall,'
Quo the auld wife, 'as aince we gaed there
Whan youth was on's,
Albeid the watter is bonnie and white.'
And whan I looked i the wall o her een throu the breckan,
I saw yon spring's bricht sclentin
That richt to the hert o'm
Maks haill aa hurts.

'And gang for me, will ye,'
The auld wife speired, 'gin ye've nocht but a thimmle,
A drap o yon clear watter bring me
To gie my cheeks a brichtness.'
I fund yon wall at the last o't,
And tho her need was scarce the grandest,
It's her I brocht the walth in't.

Aiblins yon wall is something
That I hae seen but a dwaum o,
For nocht but breckans and rashes
I fund the-day whan I socht it,
And the auld wife's een are steekit,
A film come ower their lauchter.

[16 October 1951]

WILLIAM ROSS'S LAIR
(Frae the Gaelic o Derick Thomson)

Ae side o the kirkyaird, the shade o trees,
    And streekit ayont, the shore;
The fullyery's reeshle, the shush o seas
    Are showdan ye back and fore;
It's weel ye're no i the deepmaist peace,
    Sen mind o yir grief's no owre.

Wha'd wish a pillar, cairn, or stane
    Abune yir tired breist's lair?
The sway o breckans, the sea-birds' maen
    Are tuned to yir quateness mair;
Yir hert is happed i the sea's refrain
    And the wind i the birk-taps' rair.

[16 October 1951]

GIN THERE WAS SEEKIN ALANE O'T
(Frae the Gaelic o Derick Thomson)

Gin there was seekin alane o't,
Ye'd be the rose o France i the gairden,
The wan sun on the lift-line brakkan;
Ye'd be the starn sae bricht i the darknin,
The aipple bough-alaft there,
MacMurich's white sweetheart,
Sittan whaur nane cud reach ye,
And my een, that wadna be blind,
Aye set on the neuk ye were in.

Gin there was seekin alane o't,
Wi fient the-morn to ken o,
Yir fairheid I'd no see failan,
The runkles yir een ootspreidan,
Bewrayan some o yir secrets,
Nor see yir blossoms steekan;
Nor see the shaws wither,
Nor leaves o the tree strippit,
Nor girss turned grey frae glister.

Gin there was seekin alane o't,
I'd no see the swaw come closer,
Nor see its green ruits smoran,
Nor see the faem and the fan o't

78

And the live watter gae backwart,
Nor see the bane-dry tangle
I' the heat o the sun set crawlan,
Nor the tails o the tangle warpit.

Alas gin pleisure's forforn in
A pictur as sune's ye've bocht it,
Ill faa gin ye're fund i the gairden
Whan the scent o the rose has skailit,
Ill faa gin ye're fund i the tide-wrack
Whan the neap has drouned yir desirin.

[20 October 1951]

THE MUCKLE PIPER
(For the bairns)

The muckle piper blaws and blaws,
    He's sic a rairan ranter,
Ye'd think the winds o aa the warld
    Gaed skirlan through his chanter.

They blaw frae north, they blaw frae south,
    And aye they're dirlan madder,
They swaul the bag ablow his airm
    As big's a fitbaa bladder.

But loud and lang, houe'er they scraich,
    Wi fient the time for breather,
They canna blaw his reels awa,
    Nor yet his pibrochs either!

[30 December 1951]

GODS

Thon nicht the star stuid still at Bethlehem's byre,
The sailors seekan Crete (their hame and hyne)
Heard darkness cry frae scaur til clapperan scaur,
'The Lord is deid! Our God, our Maister, Pan!'

The-nicht nae star has glory glinteran doun,
The lift spreids black frae whaur the sunset bled
Til whaur the daw maun bleeze, but ghaists o soun
Come hiss i the hush o the swaws, 'The Lord is deid!'

But wha's the Bairn thae waesome words foretell?
What Lord is lowsed as God Almichty dees?
The years hae tapsalteeried guid and ill
And canna bear a Christ
                    —a Herakles?

                                        [4 May 1952]

MOUTH MUSIC

Dance it, dance it, skirl it, birl it, swing,
Wi a tipperan tae, wi a sway, wi a flourish, a fling,
A crack o the thoums and a levin o caperan heels
In a rowth and a revel, a reid-wud riot o reels
Sae hotchan that nane can enhance it,
Dance it, dance it.

Dance it, dance it, spin wi the spin o the earth
That breeds us, cleeds us, bleeds us in death and birth,
And needs us, the dancers, sae gallus o hert and o harns,
To haud her lowpan wi life in a lower o starns,
Owre chancy for ithers to chance it,
Dance it, dance it.

Dance it, dance it, dirl i the tirl and the twyne
For the bluid, for the breath, for the brierin doun til the dwyne,
For smeddum to thole, for sairness, for strength to strive,
For agony, anger, aa that stangs us alive,
For licht and the love til advance it,
Dance it, dance it.

[28 February 1953]

THE WAA

I biggit a waa about my hert
  To haud the warld ayont it,
I biggit the waa sae heich and strang
  That nane wad daur to daunt it—
  It's yon I thocht I wantit.

But ower weel (or ower ill)
  I heaped the stanes thegither,
For though they haud the wind awa
  The sun's shut oot wi t'ither
  And I hae wintry weather.

The lift maun rair, the yirth shak,
  To caa the stanes asunder,
Lat in the licht, lat in the dark,
  The marl o sun and thunder
  That turns wanhope to wonder.

For only storm can save my hert
  That dwines i the deid quaet—
Flash, levin! Shudder, yirth!
  Tummle the waa! Doun hae it!
  Dae it! Dae it! Dae it!

[1 March 1953]

REID RIVER

Reid river rinnan through my flesh,
  Your spring is far, sae far
That I micht skaich owre aa the warld
  And scran in ilka star
And never see the dernit source
  That drives frae whaur, frae whaur?

Ye rowe my hert, ye rowe my harns,
  But on to whatten a sea?
The hills o time rise up afore
  To hap thon farin free,
And aa the tales that traivellers tell
  Are dark and dinna gree.

But douts are straes to sic a stream
  That caresna whence it's run,
And whether endin finds the faem
  Or sinks in sandy grun,
Atween twa nichts, o birth and death,
  Your burn shines back the sun.

[6 June 1953]

STARSANG

I speak to the star that sclents abune the hill,
I speak to the star, and aye the star is still,
Wi fient the word til answer, strive or gree—
Can aa the universe be deid but me?

It's this has brocht me sclimman up the brae
To watch the star and syne to say my say—
Gin nane has een to look or tongue to tell,
There's aye this ae bit ferlie thing, mysel.

Shine out, then, star, in silence shine and shine,
While I tak tent and play the pairt that's mine—
To shatter the cosmic quaet intil a sang
For licht like yours and luck to watch it lang.

[7 June 1953]

DINNA GREET

Dinna greet—ye darken ower the day,
Reive aff the hues frae wuid and watergaw,
Brak doun the blossoms, drive the birds awa,
Wap the haill warld in haar, and leave it wae.

Dinna greet—aneth yir nicht of tears
The yirth gaes birlan blindly out o's place
To tine the sun i the toom howes o space
Whaur naething dwines in naething, years on years.

Dinna greet—ye mak aa life a stoun—
But smile for's nou, and syne the licht o yir ee
Will catch the warld and gar it shine for me
Like yer ain body through a silken goun.

[7 September 1953]

SCIENCE FICTION

Escaped to the stars,
Gone rocketing out in the black dazzle of space,
Wrenched up from history, how he steers
For the future's vast, the void's peace.

But the void roars,
The future swims into time on the blood's wave,

Wherever and ever the rocket careers,
It cargoes history's homespun weave.

His freedom a ghost
He hunts in a forest of suns, a phantom quest,
He must have glimpsed it flee, and guessed
His heart can fill the hugest waste?

[14 October 1953]

RECIPE: TO MAK A BALLANT

To mak a ballant:
tak onie image sclents frae the dark o your mind,
sieve it through twal years' skill
i the fewest words can haud it
(meantime steeran in your hert's bluid),
spice wi wit, saut wi passion,
bile i the hettest fire your love can kindle,
and serve at the scaud in your strangmaist stanza
(the haill process aa to be dune at aince)

Syne rin like hell afore the result explodes!

[28 February 1954]

GREAT ENEUCH

Gin I was great eneuch, thon naukit tree
Wad bleeze its lane in beauty's lowe for me,
To fleer the wae a winter out o my een
And mak a Mey o Mairch, a glamour lee
Mair true nor truth to tell what truth micht mean,
Gin I was great eneuch.

Gin I was great eneuch, my shilpit hert
Wad breir sae braid as rive my breist apairt
And tak the earth for flesh, the sea for bluid,
Till aa was kent, the tirl o ilka airt,
O' ilka tide, and aa was kent as guid,
            Gin I was great eneuch.

But I'm no great eneuch, and sae my lack
Maun serve, for gin my hert has little knack
For hauddan the warld's rowth, and gin my sicht
Just glisks on beauty, still there's sangs to mak
That only loss alane can sing aricht
            (Gin loss be great eneuch).

And loss is great eneuch that wants the haill
(Aa life, aa space, aa time) and aye maun fail
To win thon prize, yet canna cease to sing
The strivin for't o ilka separate sel—
And siccan sangs frae my ain lack I'd wring,
            Gin I was great eneuch.

                                    [25 March 1954]

THE GREAT CRY

Into the stars' stillness the great cry:
'Born to glory, born to die!'
And from that starry silence no reply.

Nothing except that splendour of dark and light,
Those noontide suns in the sunless night,
Scattered through fearful space, sublimely bright.

                                    [31 May 1954]

WORDS FOR THE WARLD

'Find words for the warld,' they tellt me—sae
I left no a chuckie unturned i the stanie limits,
In aa the avenues roun I splored exploran,
Convened wi hither, confabbed wi yon, conferred
Wi beuks-o-the-month (and beuks) frae Hugh til Homer
(And aa gey Greek), yet fient a word for the ferlie—

Til the warld itsel gaed grab at the scruff o my life,
Shuke me intil a shennachie, skailed frae my ain
New-opened makar's mou the wale o words.

[8 June 1954]

FROM YOU, MY LOVE

From you, my love, have I the love left over
To kiss as well with the loveless world as lover,
Striking the spring of joy from its sorry stone?
Or must that flood lie buried, bound forever
Within the indifferent rock, its greening river
Stopped at the source by too little love—my own?

From you, my dear, can all I know be dearer,
Or must I still be merely time's endurer,
Groping a haze of details, blind to the sun?
The sunlight flares—but only on the admirer
Of all the dusty facts, his heart the mirror
Shining them clear—can mine be such a one?

From you, my love, to earth and air and water
And every life—in blood, and in the sweeter
Sap of the sun—can I begin to move,
Embracing them with you, with you creator,

To breathe mere being bright, and brightness brighter?
How can I gain this grace? From you, my love?

MIRK MIDNICHT

The fire burns laich,
The clock creeps roun frae twal,
  And I maun dwall
  Alane, and dreich.

In dule this nicht
The dowie hours ere daw
  Gae hirplan slaw
  To sink frae sicht.

The fire burns doun,
The clock aye trauchles time,
  A gowkit rhyme
  Birled roun and roun.

In dule my hert
Maun beat the meenits by,
  Ilk beat a cry,
  'This lanesome airt.'

The fire burns dim,
The hours sae darksome dwine,
  Nae star can shine,
  The lift is tuim.

In dule my breist
Maun thole the cauld, the blae,
  Sae sweirt the day
  To licht the east.

The fire burns out,
The clock has jeeled in stane,
    And I my lane
    Maun dwall—in dout.

[?]

MACDIARMID IN THE SHIELD-RING
(Eftir the West-Saxon)

Shent our shields,
the fae cam belteran, drucken wi bluid.
But syne an auld campaigner shook his swurd
and stranglie spak til our ain sodgers:
'Thocht maun be the harder, hert the keener,
smeddum the mair, for aa that our micht is dwynan.'

[?]

PREHISTORIC PLAYMATE
(The cover of an 8s.6d. magazine declared that it contained the nude photograph of an actress who was then appearing as Ayesha, 'She-who-must-be-Obeyed,' in a film version of Rider Haggard's novel, She.)

Just aucht-and-a-tanner for Ayesha's immortal breist,
A bargain (at fowr-and-thruppence the timeless tit)
Sae far frae Haggard's dwaiblie dwaum o the East
He'd thocht it nichtmare gin he glisked the chit.

Yet stand thon paper flesh i the Fire o Life
To bleeze rebirth and rise, a goddess Queen,
Or faa forfochten, crined til an auld wife,
Ye'd wait as lang as 'She' ere thae were seen—

As lang as Ayesha, doomed in deathless Kôr,
Through lourd yearhunders looked for love reborn,
Ye'd find nae mair o love worth watchan for—
Deid ash the wind sets blawan by the-morn.

[31 May 1965]

SCHULE FOR SCANDAL
(As featured in some such magazine as 'Fun at St Fanny's')

Ilk page o picturs hauds a schulequine harem,
Their teenie tunics heisted heich til the hip,
Black hose for whiter houghs nor the strauchtest strip,
And hurdies hauf-wey happed (thon's hauf to bare 'em)
In P.T. breeks gey P. in their girlan grip.

Here cane is king, the ae command *Bend owre!*,
And scrimpit skirts gae skiddie as backs are bent,
For teacher's pets hae learned his passion's sclent
Adn lauch to thole their paiks whaur some micht lour—
Sic houghmagandie means nae howdie's meant.

'Aa guid clean fun'—as clean as the schulequine blouses
That slip sae aften awa frae their breists and necks,
As clean as the clyte o the cane and the lust it clecks,
And aathing skaithless as schule, 'as safe as houses'—
Thae seelie quines are far owre young for sex.

[2 June 1965]

PARADISE TINT

Said Adam til Eve,
'Ye've gart me grieve.'
Said Eve til Adam,
'Aipples, I've had 'em!'

Said Adam til Nick,
'Ye snake! Ye swick!'
Said Nick til Adam,
'Me—or the madam?'

Said Adam til's sel,
'A wumman's hell.'
Said's sel til Adam,
'Doubled, ye'd wad 'em.'

Said Adam til God,
'What wey sae odd?'
Said God til Adam,
'Never ye'll faddom.'

[2 June 1965]

YOUNG MAKARS

Young makars bide in a warld o bards
  Whaur sang is a sea
And ballants fliskan bricht as birds
  Frae touer and tree
Mak stars o stanes and birks o boords
  I' the glamoured ee.

Young makars tine thon warld o words
  Whaur winter's May,

Stravaig whaur ilka season wairds
  Its blink o blae
And fient the charm can cheenge their weirds
  To weelfare wae.

Young makars dwine in a warld o haars
  Turned gash and gray
Whaur sang and aa thae sclents o hers
  Are smorit sae,
There's nocht the ingyne sees or hears
  But connached clay.

Young makars find in a warld o tears
  That tears, to dry,
Maun wash the warld, its trees and touers,
  And fowk forby,
Forgiean aa, forgien, ere stars
  Re-licht the sky.

                                        [3 June 1965]

PLASTERED IN PEYTON PLACE
(I.M. Grace Metalious)

Frae pen til print til picturs—braw procession!
Wi kisses' reid confetti aa the road!
Your scrievin ploy fair skails the *auld* profession!
—What scunner tongue gaes skirlan *Ichabod*?

Success! Success! The skinklan burns o siller!
The hairst o greenback leaves i the gowden air!
A famous cantrip, quine! But fame's a killer!
—Deid drunk in Peyton Place ye dree'd despair.
                                        [14 June 1965]

HEART OF STONE
(A Poem on Aberdeen)

The sea-maw spires i the stane-gray lift
Owre sworlan swaws o the stane-gray sea,
Flaffers her wings—a flash o faem-white feathers—
And warssles awa i the wake o the trauchled trawler
That hirples hame hauf-drouned wi the weicht o herrin.

Heich owre the gantan mouth o the hairbour,
The lichthous heists a stick o chalk
To scrieve on the sclate air the message 'Safety,'
The trawler taks the road the tounsmen wrocht
For watter to walk in and tent the toun,
Its tides the bluid that beats her sea-gray hert.

The sea-gray toun, the stane-gray sea,
The cushat's croudle mells wi the sea-maw's skirl
Whaur baith gae skaichan fish-guts doun the quays
Or scrannan crumbs in cracks o the thrang causeys,
A lichthous plays the lamp-post owre a close,
The traffic clappers through a fishers' clachan
Whaur aa the vennels spulyie names frae the sea,
And kirks and crans clanjamfrie,
Heaven and haven mixter-maxtered heave
To the sweel o the same saut tide
Whaur aa the airts o the ocean anchor,
Ships frae the Baltic, ships frae Brazil,
Archangel ships wi a flag that dings archangels,
Coals frae Newcastle to thowe the cauldrife granite,
Planks that were aince an acre o Swedish wuids,
Esparto gress that greened in Spain,
And aye the sea's ain hairst o skinklan siller,
Haill flaughtered fleets o fish,
The sea-maws scraichan triumph owre their wreckage.

Nae wreckage haudden in hemmeran yairds
Whaur ships tak shape for the showdan shift o the sea,
Their cleedin steel, their steekin reid-het rivets,
They'll sclim frae their iron cradles
To fecht wi the iron faem and the stanie swaws,
Their strenthie sides as teuch as the sea-gray toun.

A teuch toun, whaur even the strand maks siller,
A roch Riveera gleys at the granite sea,
Wi a fun-fair squatteran roun the Muckle Dipper,
A sprauchle a stalls for sweeties and ice-a-da-cream
To fleech til the tongues o bairns o a fause simmer
And cant o the sun til bonnie bare-buff quines
On a bourached beach whaur crouds find crouseness in crouds,
Cantie to keek at the quines—
A blae Blackpool, but owre ayont it
A mile o naukit sand whaur nets for salmon
Gae wydan out waist-deep, and in ahint them
The links are streekit lang for the lane gowfer
To clour his clypie baa wi nane to claik
But sea-maws habblan aside the ae bit hous
In aa thon gant o green,
The ae bit hous the salmon-fishers' howff
They plenish wi gear for wark whaur ithers play.

A weicht o wark aa weys, by land and watter!
Ablow the brig, 'Balgownie brig's black waa,'
The river rins romantic eneuch for Byron,
But 'by yon bonnie banks and by yon bonnie braes'
A paper mill on the t'ae brae
Looks owre at a woollen mill on the t'ither bank,
The Don atween them dargan nicht and day,
For ilka lynn that steers the stream to snaw
Comes doun frae a dam that steers the stream to labour,
To plowter and plash i the fank o a factory lade.

And richt by the factory waa, the first ferm,
The couthie country fat and fou o ferms
As far as the legend-land o Foggieloan,
Ayont the trees whas line alang the lift
Aince gart a bairn believe the mairch o the warld
Fand endin thonder, aye the warld gaes yokan,
Wi park on park for the plou,
Park on park for the paidle,
Parks for the beasts and parks for the barley
(The meat and the meal and the bree o the barley—
Aye, aye, the haill hypothec),
And aa for the mercat, aa for the Friday mart,
The fermers fat as their ferms,
Braid as their beasts and bauld as their barley-bree,
Come traikan intil the toun to swap their trauchle,
To niffer for nowt at the unco unction,
Yarkan their bids at the yammeran unctioneer,
And syne frae the pens til the pubs whaur business is pleisure,
To slocken the stour frae thrang thrapples
In whacks o whisky and lochans o lowse ale
Whaur aa the clash o the country roun gaes sooman,
Skyrie wi mauts and skinklan-bricht wi beers
That wash the langour awa frae the landwart week,
Their trinkle the toun's freedom for ilka fermer.

This toun is free til aa that live by the land
And aa that live by the sea, for fermers' faces
And fishermen's faces, strang to thole and strauchle,
To rive frae the sweirt rock and the ruggan swaw
A rowth o smeddum, thae are the same
As mak weel-faur'd (or ill) the fowk o the toun,
Sen aa are bairns o the bairns o fishers and fermers,
They weir their faces eftir their grandshers' fashion,
Thae faces callered by country winds
Or stobbed by the stang o saut in wallochan watters
Look frae ahint a counter or owre a bar,
Frae a fitbaa croud or a queue at the pictur-palace,

Frae factory-yetts at yokan-time or at lowsan,
Or cleekit in Sabbath braws as the kirk skails,
Sic faces, fit to daur the dunt o storms
Frae clintie seas or bens as coorse as brine,
Mak city streets a warld o wild stramash
Whaur bonnie fechters bolden at ilka ferlie.

The tapmaist ferlie aye the toun itsel,
Graithed intil granite, stanced in stalliard stane,
A hard hauld, a sterk steid,
A breem bield o stieve biggins,
Riven frae raw rock, and rockie-rooted,
She bares her brou til the bite o the brashy gale
Or stares back straucht at the skimmeran scaud o the sun,
Fowr-square til aa the elements, fine or foul,
Heedless o rain and reek
(Sen rain can only wash the reek awa),
For nocht can fyle her adamant face,
Itsel an armour proof til ilka onding.

But geyan gash she lours in a gurlie gloamin
Whan seipan swaws are graveyaird gray on the strand,
The hills as dreich as deid lichen,
The dowie rivers drounan the dark lift,
The toun a cauldrife cairn o tauchie rock
Mair steel nor stane, the streets in snell canyons
Trenchan through craigie scaurs that sklaff the sun,
A wersh warld, its colours aa wan-blae,
Whaur lugs are deaved by the drantan dirge o the sea
And een blunted on grumlie blads o granite.

Bonnieness-blind, thae fowk, for aa their birr!
Wha else, i the stanie straucht o Union Street,
Wi only the ae brig til open space,
Wad block thon brichtness out wi shargar shoppies?
What ither toun can blaw its blastie tooter
For siccan a rowth o temples til the Muses
(A pictur-hous for ilk ten thousand heid)?

Whaur else are fowk sae daft on 'the modern drama'
That time-woorn Hamlet plays til a toom haa
While even courtan couples howder in queues
Gin X sud mark the spot—and X aye marks it—
For spang-new Nocht-Nocht-Seeven?
Whaur else wad Wallace pynt the finger o scorn
At a theatre thrang wi a clyter o Scoatch coamics,
Kilted tenors, and cantrips frae Agatha Christie?
Whaur else wad Gordon tak sic a hint frae the toun
And turn til the Art Gall'ry a gallus back?
Whaur else wad Burns far leifer glower at's gowan
Nor look his brither Scots i the ee—and lauch?
Na, na, he's nae amused—like vogie Victoria,
The cross queen stuid standan at Queen's Cross,
And even she, her face til the fike o Balmoral,
Feels mair at hame in an artless airt nor Burns.

Ahint his back auld men find shool-the-board
A cantier ploy nor onie poetry clavers,
And neives that aince had haudden cleek or spad
Are grippit nou for a game
In a green howe at the hert o the granite toun,
Nae mair nor a sclim o steps frae the stane centre
Whaur business breeds in banks its paper bairns
And hous-insurance biggs its hames in haas
Abune the heids o leddies wi smaa leisure
(And smaa-er cheenge) that jink frae shop til store
In het pursuit o twa for the price o the t'ane,
Their ae fond dwaum the mak o a braw bargain,
Bonnier far nor a ballant threepit by Burns,
Thon daisy-daffer, deid in a thratch o debt.

Gin onie debt be here, it's haudden dern,
Happed ahin stanes that sclent the speak o siller
Frae raw on hauchty raw o terraced houses
Whiter nor whited sepulchres daur decore,
Their snawie fronts as clean as a banker's credit

And cauld as his arctic hert, a cranreuch beauty
Born frae the frore skinkle o iceberg stane,
The rock itsel (far mair nor the men that wrocht it),
The rock steekan its ain sterk style
On fowk whas foremaist fancy was biggan cheap
In hame-owre stane that speired the least o siller
To howk frae a hole out-by and bike in bields,
Syne fand themsels a fowk whas granite een
Were claucht in an icy wab o granite graithing,
A cauldrife charm they never meant to mak
But hytered on by chance, the luck o the land.

Yet syne they socht to suit thon chancy charm
Til notions stown frae beuks on 'aht end beauteh'—
Save us, a bonnie soss! Our sins in stane,
The graveyairds sprauchle gantan, their granite teeth
Asclent wi a deid skinkle, a gless girn
At nichtgouned angels far owre lourd to flie,
And nappied cherubs far owre cauld to flichter,
And whim-wham scrolls, and whigmaleerie urns,
The haill jing-bang bumbazed in a sacred scutter
To fleg the deid wi a fate that's waur nor death.

But fient the fate has pouer to ding sic fauters,
In life they looked wi never a blink o the ee
At horror mair profane nor the pynes o hell,
Thon maister-monsterpiece the Marischal College,
A Gothic nichtmare, granite steered like glaur
Til ferlie frills and fancy flichtmaflethers,
Stookie insteid o stane,
Whaur sterkness, strength, the granite's only graces,
Are raxed and rived til pranksome prettifications,
The fraiky shots at grace o a graceless fowk.

Nae grace ava i the howder o growsome houses
Biggit as bargains—and ilkane bad—
Whan Sassenach brick and Swedish timmer,

97

Bocht for a groatsworth less nor the sillerie stane,
Got pride o place and connached pride o place
Wi street eftir street o the same subtopian slaur,
Less fit to stand by granite's stey gramultion
Nor fremmit mountain-dew by the real Mackay,
A wersh bourach o bawbee braws,
A clyter o menseless clart.

But neither auld mistaks nor new mishanters
Can steerach the fine fettle o ferlie stane,
The adamant face that nocht can fyle,
Nae rain, nae reek,
Fowr-square til aa the elements, fine or foul,
She stares back straucht at the skimmeran scaud o the sun
Or bares her brou til the bite o the brashy gale,
Riven frae raw rock, and rockie-rooted,
A breem bield o steive biggins,
A hard hauld, a sterk steid
Whaur bonnie fechters bolden at ilka ferlie,
The city streets a warld o wild stramash
Frae clintie seas and bens as coorse as brine
For fowk sae fit to daur the dunt o storms
Wi faces stobbed by the stang o saut
Or callered by country winds
In a teuch toun whaur even the strand maks siller,
Rugged frae the iron faem and the stanie swaws
As the sweel o the same saut tide
Clanjamfries crans and kirks by thrang causeys
Whaur cushat's croudle mells wi sea-maw's skirl,
And hirplan hame hauf-drouned wi the weicht o herrin
The trauchled trawler waffs in her wake
A flaffer o wings—a flash o faem-white feathers—
As the sea-maw spires i the stane-gray lift
Owre sworlan swaws o the stane-gray sea
And sclents til the sea-gray toun, the hert o stane.

[May—July 1965]

BIG BEAT

A sair stramash—a hairse wee quinie quavers
On hauflin love, her sang a wheen o havers;

A bourach o hardly-happit jigtime burdies
Gae yokan barebuff wames til a yark o hurdies;

Three babbity blondes, three pooter-doos, are cooan,
Their shiel a rickle o chords in rowters' ruin;

A gastrous fraik, his phizz as grim as gorgon,
Maks lownderan love til a less-nor-michty organ;

A bonnie bucko, gifted (by God?) til tumphies,
Stounds like a stirk, and back they grain like grumphies;

A spanky spade lats lowse as heich a yammer
As tines aa sense (langsyne he tint aa grammar);

And loud or laich, but deavan aye the lughole,
The gueetars gowp like watter doun the plughole—

O wash awa this weird! O sain this passion!
This pyne o youth that stangs wi sair stramashin!

                                                   [6 December 1965]

SCREENED ON SUNDAY
(Glasgow, 20th March, 1966)

'The Sabbath was made for man—'

(Viridiana, 'innocence corrupted'
Girls in the Shadow
Take off your Clothes and Live
The Day the World Ended
Mission for a Killer

Circus of Horrors
I Bury the Living
Panic in Year Zero
City of the Dead
Sex Can Be Difficult
Street of Temptation
The Monster that Challenged the World
The Four Skulls of Jonathan Drake
Dr Blood's Coffin
Macumba Love
Corridor of Blood)

—then man re-made it
in his own image
and sealed it with an X.

[21 March 1966]

DOUN WI DIRT!

'De Sade?'
'Ach, gyaad!'

'Masoch?'
'Eh, fyauch!'

'Frank Harris?'
'Guid war us!'

'Jim Joyce?'
'Nae choice!'

'Bert Lawrence?'
'Abhorrrrence!'

'Hank Miller?'
'Yuck-spiller!'

'Jean Genet?'
'Och, dinnae!'

'Bill Burroughs?'
'Gomorrah's!'

'Syd Smith?'
'Deil's kith!'

'Al Trocchi?'
'Fell mochie!'

'Al Sharp?'
'Coorse carp!'

'The bourach?'
'Just smoorich!'

'Mankind?'
'Muck-mind!'

'And you?'
'Weel, nou—'

[31 August 1966]

SUPERMAKAR STORY

Supermakar scrievit a play,
  Made owre frae Greek—the Attic,
He cheenged it into Lallans, tae
  (Yon's Scots, but gey rheumatic),
And fremmit tongues were baith o thae
  Aside his Urdu pratick.

Supermakar shooled his soss
  At ilka scholar cronnie
And bade the bodies thole the cross
  O' doveran through his *donnée*
To fill the bittocks soundan boss
  And mak the ugsome bonnie.

Supermakar pit it in print
  (He loo'd yon coorse creation),
Ae page had Burns's rhymin in 't,
  On 'burdies'—wrang quotation—
The t'ither pages aa were tint
  In mirkest mystification.

Supermakar had praise o the beuk
  Frae dominies gleg at the Greekin,
That kent the classics in ilka neuk—
  But Scots? They'd started keekan,
Yet couldna learn to tell the look
  O' cauldest kail frae reekan.

Supermakar had word o the wark
  Frae the orra Lallans scriever
(Ilk trusty fier wad sell his sark
  For blads frae a true believer),
And richt eneuch they rowtit, 'Hark!
  This gowk is an unco Griever!'

Supermakar gat it on stage
  (A week o Festival ferlie),
Rewrote his rhymes to be aa the rage
  And socht for smairtness sairlie,
But ilka bawr was beld wi age
  (On Scotch and Bonnie Prince Chairlie).

Supermakar, the speak o the toun,
  Auld Embro's Lallans hero!

He dingit the Suddron critics doun
  That spak nae Scots to speir o,
They swithered anent his martyr's croun—
  He micht be proved a Nero.

Supermakar, the pride o the place,
  A gaucy sicht to gaze on!
He gart the Suddrons fear disgrace,
  He gart them pile the praise on!
But ae Scots critic kent the case—
  'The Emperor has nae claes on.'

Supermakar was wild and wud,
  He hubbered sae hallyrackit,
'Haud aff my sun, ye clortie clud!
  I'll belter your name and brak it!'
But aye thon critic gied him scud—
  'The Emperor's needle-naukit.'

Supermakar girned and grat,
  He scraichit, 'Yon's no fair!
There's only me kens what I'm at,
  And I ken I'm aa there!'
But aye, albeid he spak through's hat,
  His buff was babbity bare.

NOTES

Supermakar is, of course, an entirely mythical character, and any parallel
between his fictitious career and the factual activities of a contemporary
Scottish poet which may occur to the reader should not mislead the latter
into mistaking similarity for identity. The term 'Supermakar'—a coinage
from 'Supermac,' which itself derives from 'Superman'—was the creation of
the present writer, in a letter to *The Scotsman*, 9th September 1966, when he
suggested that 'Douglas Young ... mustn't expect the rest of us to regard him
as Supermakar, free of the subjective fallibilities of lesser mortals.'

STANZA 1. A parallel is Douglas Young's translation of an Aristophanic comedy into Lallans as *The Burdies*. In a letter to *The Scotsman*, 3rd September 1966, Dr Young stated, 'Urdu was the first language in which I spoke.'

STANZA 2. A parallel here is in Dr Young's letter to *The Scotsman*, 3rd September 1966, 'The productions I have published in Scots have normally been thoroughly revised by leading authorities on vocabulary and idiom.'

STANZA 3. A parallel is the misprinting of Burns's line from *Tam o' Shanter*, 'For ae blink o' the bonnie burdies,' as 'For ae blink o thae bonnie burdies' on the title page of the printed version of *The Burdies* (1959). Burns's 'burdies' are girls, Dr Young's birds.

STANZA 4. A parallel is to be found in Dr Young's quotations, in a letter to *The Scotsman*, 7th September 1966, from laudatory reviews of the printed version of *The Burdies* written by classical scholars with more Greek than Scots.

STANZA 5. A parallel is to be found in Dr Young's quotations, in letters to *The Scotsman*, 7th and 13th September, 1966, from laudatory reviews of the printed version of *The Burdies* written by a brace of Lallans makars. All contemporary Scots poets are to some extent disciples of the great C.M.Grieve (Hugh MacDiarmid).

STANZA 6. A parallel is to be found in the production of *The Burdies* at the Lyceum Theatre, Edinburgh, during the first week of the 1966 Festival. The stage version was described in the programme as having been 'specially adapted from the Scots verse translation by Douglas Young.'

STANZA 7. A parallel exists in the inability of the English critics to discuss Douglas Young's use of Scots in the stage version of *The Burdies*, as indicated in Dr Young's letter to *The Scotsman*, 13th September 1966, 'So far I have seen 19 critical notices of the Lyceum production, and not one comments adversely on my work as translator.'

STANZA 8. A parallel exists in the adverse comments on Douglas Young's use of Scots in the stage version of *The Burdies* made by the present writer on the B.B.C. 'Arts Review' programme of 25th August 1966.

STANZA 9. A parallel exists in Dr Young's hostile comments on the present writer's critical qualifications in a letter to *The Scotsman*, 29th August 1966.

STANZA 10. A parallel exists in the letters on his work which Dr Young continued to write for *The Scotsman* for three weeks after the final curtain had fallen upon the stage version of *The Burdies*.

[19 September 1966]

DEAR DEID DANCER
(*'Whaur's Isadora Duncan dancin' noo?'—Hugh MacDiarmid.*)

Dear Isadora Duncan,
Gane daft wi dope, or drunken,
Could only keep frae the poor-hous
By jazzan her jigs in a hure-hous,
A faa frae the het til the scorchin
For the hure o the Singer fortune
Whas sewin-machine-made siller
Had bocht her a bairnikie-killer,
A rinawa Rolls-Royce flivver
That drounit her getts i the river
And left her wi nocht but her dancin
Whan the millionaire dwined at romancin.

Dear Isadora Duncan,
She'd gotten sae muckle o spunk in,
She jigged for the Reid Revolution,
She shawed them her ain execution,
She stairted a schule o't for Lenin,
She merried the makar Yessenin,
A Burns for the Bolshies, a plouman,
Hauf genius, and nearly-hauf human,
A randie, a thief and a leear
Whas wyceness was wee and gat wee-er,
He reivit her hert wi his rypin
And gart her gae dance til his pipin.

Dear Isadora Duncan,
Her smeddum had nocht o the funkin,
The Reids rinnan short o the ready,
She sailed til the States wi her steady,
She jigged to win gowd frae the Yankees,
'A Communist ploy!' cried the swankies,
They thocht that her dances were treason
Wi names sic as 'Rebels Are Heezan,'

They buckled their sarks wi their booin,
But back she gaed boke at their gruein,
She swure that the truth should be bareit
And danced i the buff to declare it.

Dear Isadora Duncan,
Her breist was the braidest to bunk in,
Yet Yessenin flee'd frae her figure
To skaich for a bank-balance bigger,
But fand it owre hard to discover,
Sae scrievit some lines til his lover,
In bluid—it's an auld Russian habit—
And hangit himsel, he was wabbit,
But whan she gat word o his fleetin
She'd nae mair o tears for the greetin,
Her hert he had jigged as a plaything,
And nou he was jiggan on naething.

Dear Isadora Duncan,
On siller the Bolshies gaed flunkan,
Her schule was shut doun for the want o't
For aa that they'd hecht her a grant o't,
She'd offered their Eden an aipple
But tatties they'd leifer hae staple,
She fand she was freindless and fremmit
Wi scarcely a sark til her semmit,
And back til the West she cam bauchlan,
Forfochten wi socialist strauchlin,
Forfochten wi aathing but jiggin,
And thon couldna pey for her riggin.

Dear Isadora Duncan,
Her sowl had the iron weel-sunken,
She raikit the Frenchie Riveera,
She sorned on the sparks o the era,
Gat fou whan they bocht her a bottle
To droun the despair o her crottle

(Champagne was her favourite pushion,
A dwaum o the dance her illusion),
Gat fat, and syne fatter and fatter
(Deid hope was the meat on her platter),
Gat blearit, gat bladdit, gat blotto,
Gat smorit to deid in an auto.

Dear Isadora Duncan,
Your shadow can never gae shrunken,
Ye'll aye be 'The Warld's Biggest Dancer,'
Ye charmer, ye chaffer, ye chancer!
Ablow the gash glower o feedom:
Ye jiggit for love and for freedom,
Ye jiggit for joy, for the jinkin,
For lauchter, for licht limmer-linkin,
For brakkan the bands o convention,
To cry what nae ither daured mention!
Your banes i the mools should be steeran
To jig it in time til our cheerin.

                              [24 September 1966]

LIT. CRIT.

Men Only fou o wemen,
And *Playboy* thrang wi quines—
Are aa the watters wines?
Is saut the same as semen?

Thon *Penthouse* pang'd wi popsies,
And *King* gien owre til queans—
Are aa the Jockies Jeans?
Are baggit wames just dropsies?

107

The Clubman claucht wi cuties,
Parade a kittock's pad—
What stallion speirs the gad?
What bull needs dinged til's duties?

[25 September 1966]

TO MOURN JAYNE MANSFIELD
(Decapitated in a car crash, June 1967)

I
Sair Sonnet

Cauld is thon corp that fleered sae muckle heat,
Thae Babylon breists that gart the bishops ban
And aa the teeny titties grain and greet
That siccan sichts should gawp the ee o man.

Still are the hurdies steered sic houghmagandie,
The hips sae swack, their ilka step a swee,
That graybeards maun hae risen hauflin-randie
To merk them move and move the yirth agee.

Faan is thon powe that crouned her fairheid's flouer,
Hackit awa as gin by the heidsman's aix—
Our lust the blade has killed thon bonnie hure,
Puir quine! that aince had reigned the Queen o Glaiks.

Owre aa the warld the standards canna stand,
Wauchied their strength as onie willow-wand.

II
Hollywood in Hades

Jayne Mansfield, strippit mortal stark
  O' aa her orra duddies—
For thae that sail in Charon's barque

Keep nocht aside their bodies—
Comes dandily daffan til Hades' dark,
A sicht to connach studies.

Yet Pluto, coorse as King Farouk,
  Gies only ae bit glower—
She's naukit, ilka sonsie neuk,
  But he's seen aa afore—
And turns to tell the t'ither spook,
  'Marilyn, move outowre!'

[25 August 1967]

WALTER'S SECRET
(Extracts from My Secret Life by 'Walter', a study of sexual experiences written
during the Victorian period, were first published openly in Britain in 1967.)

I

Through fog in London
filthy as sweat of ordure,
a sick miasma,
smoke from a million candles
so modestly smouldering prayer
to the great god Cant,
he walked, an alien,
wearing the native habit,
that mourning suit
with matching funeral frown
for long-since strangled lusts
and smothered passions,
all of them sacrificed live
to the smirking idol
whose bland priesthood preached
about pure love
to hide their puritan hate

of the body's pleasure,
their chill devotion to death
disguised as duty.

But he, the heretic, carried
a different candle,
and all his blood
was fired by its secret flame.

II

With the totem-poles all limp,
with rampancy banned
by Vicky the mummified Mum
(our Queen of Hurts),
he ran erect
in wilting woods of shame,
he hunted the shy quarry
through petticoat coverts,
he stalked the retiring prey
past lingerie glades,
he cornered the fair game
in its close burrow,
his starkshaft spear
a weapon worse than deadly—

(the rebel reflecting his times
in a twisted mirror,
that egotist age
insisting on personal push).

III

Retired from the chase,
he soothed his chastity's anger
by scribbling potent memoirs
with prickish pen—

grew bored with breath, bequeathed us
his time-bomb book.

IV

The bomb exploded,
but 'not with a bang, with a whimper,'
a pop-gun cough
in the middle of howitzer howling,
its scatter of shards
mere squibs among bursting dum-dums.
Too long, too long
the time-fuse ticked in the dark
while dynamite Freud
was blasting the 'one foundation,'
that fortress the conscious will
he mined far under.

What crude infernal machine
can match Inferno?
The time-bomb book,
delayed too late in action,
went off with a firework fizz
as Etna erupted.

V

Earth shifted, shuddered,
buckling walls flopped down,
chasms opened and shut great smacking lips,
dust spurted,
slapped the recoiling sky,
fell in a smother
twisting with flame,
fire funnelled, roared
to shrieking

frenzy
frenzy

VI

The curtain of dust lifted
to show a novel scene stripped stark
for 'The Follies' from dawn till dusk
and dusk till dawn
('We never closed'),
the strip joints, the clip joints,
the take you away on a trip joints,
all flesh is grass, come mow, come mow,
the merry muses winking wicked navels,
their fishnet nylons catching shoals of eyes,
the busty babes, the breast-sellers,
the swivelling hipsters arsed with undulation,
the nudes ignoble and never antique.

Walter, Walter,
lead *them* to the altar.
They'll leave you
standing.

VII

the plot thickened to warlock brew a hellbroth spiced with
whipcrack peppers from chef de sade with mush from masoch with
capers from kraft ebbing an added pinch of science and simmered a
scalding venom to spit in the eye of love that werewolf poison
worried afraid virginia slaughtered a mr sloan so entertaining
massacred marat blackened the corpse of comedy spattered pus on
the stars

Walter, Walter,
they've fouled your altar.
Beside that shit-house
you shine a lilywhite boy.

VIII

Two, two,
the lilywhite boy and who?
A lilywhite girl, no less.
No more.

[4—6 September 1967]

CAN-CAN
(As denounced by Kruschev in a Hollywood studio)

Auld Kruschev couldna thole the kicks
O' wigglan houghs and warsslan hurdies,
Wi 'ae blink o the bonnie burdies'
Doun gaed his thoum on orra flicks—
Frae wark they docht hae wiled his wurdies.

And weel micht Kruschev girn and grue
At quines wi heicher heels nor heids,
Sic sichts hae connached iron creeds
In aa the trauchlie times ere nou—
Thae legs hae coorser kicks nor leids.

[26 December 1967]

FAR CRY
(For Dante Gabriel Rossetti)

'Dante' was what ye cried yoursel,
Your bardic brithers cried ye 'Gab,'
Ye cried 'The Blessèd Damozel'
Yon lass ye laid ablow a slab,
Whas lair ye'd rob.

113

'Topsy' ye cried the t'ither caird,[*]
His wife your queen cried 'Guenevere'—
A yokie Lancelot in their yaird,
Your love frae darkness lourd and sweir
Grew passion-flouer.

'Passion' was what ye cried your pyne
For petals faan and blossoms deid,
Wi yours the hand had rived them syne
And yours the hert that couldna bleed,
For aa ye cried.

[*]('Topsy' was the nickname of Willam Morris.)

[27 December 1967]

THIN ICE
(At the Winter Olympics)

Sparkling, the skaters swoop and spin
   From a scintillation of steel,
   Their skimming swifter than swallows
   On heated airs of applause
That flight them over the frozen element under.

Above them, sunbursts of blaring light
   Have blinded the frozen stars,
   Around them, the crush of crowds
   Has frictioned warmth from winter—
They flash through space in dazzles of firebird speed.

The watchers throb to a muffled thunder,
   Their hands in gloves and gauntlets
   Beating the drum of delight
   To storm that skydart skill
With acclamation's avalanche, success.

The doubledouble din
reverberates
rips
slash through the ice
a crack
far faster than
flying
faster than
fancy
fast as the
fact of fear

And thrusts through the instant welter
of black foam
that savage deathshead snout
grisly with greed
the killer whale.

[21 March 1968]

DEID FIER
(I.M. Gordon Chapman)

My fier is deid, and I should faa lamentin,
'My fier is deid, we loo'd ilk ither dear'—
　　　But whaur's my tear?
It's washed awa by the rain, it's dried by the sun's glentin.

Deean sae lang, my fier, I murned ye livin,
I grat my lane to mind your smeddum's lauch—
　　　But whaur's my sauch?
It's blawn awa by the wind, it's tint whaur storms hae striven.

Deid til my sicht, my fier, I'll haud ye siccar,
I'll see ye yet in ilka season's shine—
　　　But whaur's my pyne?
It's worn awa by my hert that the thocht o you beats quicker.

[20 June 1968]

GENTLEMEN PREFER BLONDES

Is tha' a fac'?
Nae broun nor black?
Nae reid? Nae mous?
Nae gowd, nae use?

Wha says? Wha kens?
Whas judgin, men's?
Wha's feart o't, quines?
Wha's yours? Wha's mines?

Wha daurs? Wha dwaums?
Wha sings them psalms?
Wha pents them pure?
Wha harles them hure?

Wha dees? Wha dyes?
Wha lees and lies?
Wha blesses bleach?
Whas law? Whas breach?

Wha's richt? Wha's wrang?
Wha gilded gang?
Wha's fair? Wha's foul?
Whas gowden rule?

[21 June 1968]

LANDFALL

The great ship gently riding a sea of stars,
We rose out of frozen sleep
To the warm wonder of waking's dawn
From a night ten thousand centuries dark
And knew we neared our far galactic harbour

116

(Haven for humankind)
Undrowsing engines sought for through our dreams
And homed upon with heartless hope for hearts.

The sphere we saw come breasting a spume of stars,
Swimming to save us,
Raft among all the rocks of ruined systems,
Reefs of burned-out suns,
A second earth, a globe whose untouched glory
Glowed in the solar light,
A dazzle of ocean, luminous green of land,
And pearled by long combs of cloud.

Rocketing down from the sterile-splendid stars,
We saw the apple under us swell and swell
To a green gourd,
To a round meadow,
A mazy map of mingled shine and shade.

We strangers out of the stars,
Orphaned from Earth, made waifs to wander
Space and its thronging void
For one new womb that seed of man might quicken,
For one new hearth where hands could kindle fire,
For one new home to wear the shapes of loving,
For one new land to carry all our crosses,
For one new world to sign with work and wounds—
Suddenly knew it, suddenly named it ours.

Dearer than stars,
More deeply known for sorrow
And known for love,
For love of life, for life,
For all our lives, for all the lives before us,
We knew it, suddenly,
Suddenly,
Knew it the mother of man
And knew it the mistress mine of all his making.

Through all the stars
We fled among for refuge, searching, seeking
The secret Eden,
The planet of quiet joys,
The raging Earth left silenced by space and sleep,
The ship unsleeping slid
Through troughs of time
And crests of rough creation
To find us the fitting scene for sons of men,
One world in all the worlds whose clouded skies
Would rain their blessings blissful on hearts unblest,
Whose fields would feed our fruitless hunger,
Whose rivers slake the thirst no water quenches,
Whose seas would drown our grief,
The ship with mindless patience filing away all failures
Sought still for still success,
Went circling over the arc of all the systems,
Curved through the constellations,
Rounded the zodiac's zone,
And wakened us watching
Our newfoundworld.

Stripped of men for the stars,
Its wilderness shone for us to garden,
And every peak the Ararat of
          EARTH.

[21 June 1968]

R.I.P.

The flash of a phrase to the mind
in the mindless traffic's jabber,
the welding of words and song
in the dissolution of crowds—

I snatched at it flying, caught it,
stowed it away
in the ragbag memory, meaning
to free it in future, except for my string
to follow the flight of its freedom
and trace its impossible track
in the lying truth of art,
but crowds created crowded uncreation,
traffic aimlessly urged,
and this one and that one and then one
uttered and uttered and uttered songless words,
stuffing the mind with stale straw
till the ram-full ragbag split
and spilled and scattered all of its rubbishy spoils
with all of its riches,
the phrase's finery, sparkle of singing,
whipped away with the rush of chaff on the wind.

Forgotten song,
still-born, you have still borne
this child to heap your cairn.

[22 June 1968]

SABBATH
Come unto me, all ye that are heavy laden

The portly paunches trundled
the few short steps (O merciful religion!)
from the car to the door of the kirk,
the loaded furs lurching
from limousines to cushioned pews—

Pagan, I paused,
the Sunday papers under my infidel arm,

amazed at the joyful vision of
gentle Jesus
kicking camel-fat backsides
through a needle's eye.

[23 June 1968]

GLASGOW GANGS
'Something to do with territory makes them sing.'
—Norman MacCaig, *Birds All Singing*.

Something to do with territory makes them stab,
The adolescent Apaches,
With nothing to lose but their lives
As they ride the savannahs of exiled slums,
The Castlemilk prairies,
The Easterhouse great plains,
Their hatchets drawn to hack those drab horizons
To sizes and shapes of self,
Themselves to assert
Against against against
All other tribes,
Where each of them makes his manhood
By scalping entire strangers,
While round their fury of renegade fires
The foreigners flood,
The palefaces, white-eyes, powerful generations,
The seventh cavalry always upon command,
The Great White Fathers (living dead)
Whose legislation is lethal,
Killing the exploit, swamping
The mad splendour of *We Are the People*
In deadly dullness, dull deadliness—
Be our Brothers—or Else.

This is their history. Must it repeat
Exactly its criminal errors? Must it expect

The appalling example only? Must it announce
The selfsame judgment over and over and over?

Last time, the Great White Fathers were wicked uncles,
Last time, the braves were blooded
By belting machineguns,
Last time
Was last time.

This time,
Like every time a time of tribulation,
Palefaces offer the pipe of peace,
White-eyes whirl in the ghostdance,
The seventh cavalry rein on a sixth sense.

BUT
will the braves believe?

[25 June 1968]

PRETTY PUSS

The cat who condescends
to make her man of me
is all fine function,
pounces to capture, prowls to stalk,
bellies to ambush,
mews to demand my service as High Head-Waiter,
purrs to pronounce
that the pleasure of hand on head
may be continued,
stops to state that this correspondence must cease,
screams to defend her borders
from foreign female invasion,
sinks into silent acceptance

of conquering slumber,
curled in a lap or stretched full-fours to the sun.

Those minimal motions,
slightest economies of sound,
turn all of my dancing
and all of my singing
to Brobdignagian blunder and bellow.

[25 June 1968]

THE STONY LIMIT

The sapling sprouts from the bridge's stony haven
      And flourishes green on grey, transmuting
      The rubble around its stubborn rooting
To leaves and branches lightsomely lifted to heaven.

I look with love, but a thought that clubs and stuns
      Suddenly staggers me, grim on green,
      That Scottish poets suit this scene—
They too must wrench their sustenance out of stones.

[25 June 1968]

EIGHTEEN

Plucking songs from the air,
seventeen poems in seven days,
and all beauties,
I think of a six-year silence,
six winter trees
with never a single bird

—and meantime
I net the eighteenth lark.

[27 June 1968]

CLARSACH

The clarsach against my wall
is fit for lumber,
the handily-handling harp
my fingers forget,
begin to fumble, feeling,
begin to lose the lament
and the lipping of laughter,
the ripple of joy,
the water of weeping,
begin to forget
that whole fine world
since I have started to follow
the whole fine world
to the gay guitar.

[27 June 1968]

DOMESTIC BLISS
or
NOTHING PERSONAL

Bide on your back, ye bauchlie limmer,
  Bide in your bed and dee!
Owre lang your feet hae trailed the causeys,
  Lang they hae trampled me,
But nou ye're doun by the guff o the graveyaird
  And I'm abune ye, hie!

Be still, ye jaud, that were aye steeran,
  Stiller nor still ye'll lie,
Be quate, ye tongue that deaved me dirlin
  Wi clapperan clash and cry,
For aa your aiths, your fleerin and flytin,
  Death winna fleg doun-by.

It's him maun wad ye, him maun wale ye
  To sleep in's bed o stane,
And me ye merried, ye'll mak me single,
  A haill new life to hain,
Wi ilka day to bless your deein,
  And ilka nicht my lane.

[28 June 1968]

CRY

Breakdown, breakdown, lay me low,
I'll go where all the furies go,
Into my own Orestian heart,
And tear it apart, tear it apart.

Breakdown, breakdown, hoist me high,
I'll fly where all the vultures fly,
Into my own Orphean brain,
And pick it clean, pick it clean.

Breakdown, breakdown, drive me deep,
I'll creep where all the blindworms creep,
Into my own Tiresian blood,
And drink its flood, drink its flood.

Breakdown, breakdown, pay me peace,
I'll cease where all the madmen cease,
Inside my own Oedipan mind,
And brand it blind, brand it blind.

[28 June 1968]

I CAN GET NO SATISFACTION
(or, Weigh Down Upon The Swami Raver)

Maharishi, make me transcendental,
Take me where the navel circles central,
Lift me into mindless meditation,
Teach me (painless, please) transfiguration,
Turn me on in mazy mushroom trances,
Wrap me round in poppypot romances,
Fix me snowed with sainted self-addiction,
Give me godhead
                    —saving the crucifixion.
                              [30 June 1968]

'DEAR ISLE'

This place is a tragic poem, stabbing
the heart of our desperate history, keening
lament, lament
alike for all the battles won
and all the lost wars.

The wind cries that coronach into silence,
the din of falling waters drums that dirge
through empty leagues of green,
the only echo from munching mutton,
the mouths of empty heads
that bleat the blatant irony of
'Bah!'

Some clachans limpet the coast,
to seek from the sea
the life that the land denies them,
take from the tides
the live silver

where earth gives only stones—
or sell themselves to strangers
from over the sea
whose fists are full of feeding paper.

That paper's power
once emptied the island, herding
the fleeced folk in ship's hatches
and over the sea to dreamlands farther than Skye
to leave unpeopled pastures
for fleecy herds,
but now that notable force
puts plate glass in Tobermory windows
displaying tartan tammies
(gifts from the Gael
to Sassenachs sweetly unsuspecting revenge),
imprisons wax Armada sailors
in dungeons under domestic Duart Castle's
floral arrangements, tempting the tourist
eye,
sets petrol-pumps for Celtic crosses standing
to sign the pilgrim's holiday progress
to holy-day Iona's ruined ruins
(restored but still denied a resurrection),
and cries in the desolation of dead Dervaig
that shennachie Shakespeare's immortal voice,
a devil's playhouse
defying the Free Kirk
with a different freedom.

But Calgary,
whose people carried across the ocean
the word alone, their single treasure,
lending the nounless cold of Canada's waste
the warmth of a loved name,
this Calgary, cleared, is only
a castle over a bare bay,
a name for no-one.

Exiles return, but wearing other accents
and other words,
to down concocted drinks in hotel lounges,
barring the public bar
where the few of their folk whose forebears
somehow foxed away from the wanderer's fate
come in from boggy acres and swashing boats
to drench their Gaelic tongues in drams
and watch through the fogged window the ferry's wake,
its cargo children, cleared
from schools smaller than crofts
to colonise Oban classrooms over the sea,
the pupils there of a subtle poet,
cunning in Gaelic, cunning in English,
who teaches letters
but teaches *them* their letters
in English and
English only.

'Dear isle of Mull'
—too dear, too dear
for your own people's possessing.

                                        [6 July 1968]

SMALL FRY
*('MacDiarmid, whose work has become a gigantic red herring for
many Scottish writers.'—Douglas Eadie)*

Muckle whaul,
shilpit lochan,
teeny tiddlers.

                                        [13 July 1968]

THE MOON AND BANG GOES SIXPENCE

Paradise and the pox,
that Gauguin took from Tahiti,
he never found there
but brought with him, both,
the one in barbaric imagination,
the other in savage loins,
the wild flower and the fester
at once creating and killing
in paint and pus.

The selfsame desperate lust for life
that drove him to dockside whores
and the foul infection
flogged him into the fabulous
Eden of art,
impossibly pure,
a white shimmer of black passion.

Primeval glory,
the flame of filth.

[14 July 1968]

MARILYN MONROE STILL 1968

The substance grins from a skull, the shadow smiles,
The flesh that has long wept from the bones
Glows on the page with a paradise glory,
Immortally golden,
Her sensuous sainthood haloed
By shining sex
That makes her yet the all too mortal world's
Miraculous maiden.

Her beauty's flame
Was fed by the forced draught
That howled from despair,
The emptiness inmost, gibbering void
Of bastard ancestral voices
Denying identity, sneering at sense of self,
Insisting on naked negation,
The falseness of fortune, that fickleness fame,
The uttermost absence of love
For lust's madonna
Shrined in a hell of proxied passions
Where fornicators spat our fantasies
To foul her image.

Those hatreds hurricaned,
Blew out her blaze
With brutal breath.

                                                    [15 July 1968]

BALLADE OF BEAUTIES

Miss Israel Nineteen-Sixty-Eight is new,
A fresh-poured form her swimsuit moulds to sleekness,
Legs long, breasts high, the shoulders firm and true,
The waist a lily wand without a weakness,
The hair, *en brosse* and black, is shorn to bleakness,
Yet shines as stars can make the midnight do—
But still my mind recalls more maiden meekness,
Miss Warsaw Ghetto Nineteen-Forty-Two.

Her masters filmed her kneeling stripped to sue
The mercy barred as mere unmanning weakness,
Or raking rubbish-dumps for crusts to chew,
Or licking boots to prove her slavish meekness,
Or baring loins to lie beneath the bleakness

Of conquerors' lust (and forced to smile it through),
Her starving flesh a spoil preferred to sleekness,
Miss Warsaw Ghetto Nineteen-Forty-Two.

The prize she won was given not to few
But countless thousands, paid the price of meekness,
And paid in full, with far too high a due,
By sadist dreams transformed to functioned sleekness,
A pervert prophet's weakling hate of weakness
Constructing a mad machine that seized and slew,
The grave her last reward, the final bleakness,
Miss Warsaw Ghetto Nineteen-Forty-Two.

Princesses, pale in death or sunned in sleekness,
I dedicate these loving lines to you,
Miss Israel Sixty-Eight and (murdered meekness)
Miss Warsaw Ghetto Nineteen-Forty-Two.

[19 July 1968]

POACHER
(After Norman MacCaig)

I poach the preserves
this landscape's poet peppers
and bag the image of
    SUILVEN
in dawn's brume—
an upturned dumpling under
a fern of steam.

[21 July 1968]

KISSAN KATE

O maistress mine,
My cutty quine,
The sun himsel's your lover,
He waps ye roun
Frae cuit til croun,
A kissan-closest cover.

But eftir dark
He tines his spark,
Anither love is lowean,
I wap ye ticht
In nearest nicht—
It's aa the warld I'm rowean.

The warld o you
I haud in lieu
O' earth that sunlicht stories,
Our herts entwine
Ayont his shine
In midnicht's glamour o glories.

[23 July 1968]

HERO

Sae lang as Ché Guevara lives
In harns o hauflin laddies,
There's aye a stallion, willsome, wud,
In herds o couthie cuddies.

[25 July 1968]

131

TOP OF THE POPS

Lowpers, gowpers,
Duntily dowpers.

Skirlers, dirlers,
Bumpily birlers.

Yowlers, growlers,
Sappily sowlers.

Ravers, clavers,
Hotchily havers.

Jiggers, figures,
Trippily triggers.

Beggars, fleggers,
Langily leggers.

Yarkers, warkers,
Stoundily starkers.

Maeners, grainers,
Lowdenly laners.

Daters, maters,
Neibourly naiturs.

Craiturs, craiturs.

[25 July 1968]

132

SPEIRIN

What wey? The cry
Gaes skirlan by
Yearhunder eftir hunder,
But nane can hain
What scaurs o stane
Cry back frae far owre yonder,
The sound gets drouned
Afore its wound
Can stob the hert o wonder.

What wey? We pry
In thon maist high
And maist unfaddomed ferlie,
The weird owre feared
That finds us sweird
To thole sae lang and sairly,
But tak the lack
O' answer back
Frae speirin late and early.

[26 July 1968]

ROMAN SCANDALS REVISITED
(I.M. Eddie Cantor)

The babes in *Roman Scandals*
Wore only smiles and sandals,
No way at all of stopping
Those Cantor eyes from popping.

The blokes in *Roman Scandals*
Were Latins viler than Vandals,
A bunch of robbers and rapers
—But better than Cantor's capers.

For comedy stales so quickly,
Presented however slickly,
While sex (with the savagest action)
Is always the stellar attraction.

[27 July 1968]

VERDICTS

The doctor dee'd frae an overdose,
  The findin, *Accidental*—
Gin fermers dee'd frae suppan brose,
  What judge wad be sae gentle?

The acrobat dee'd frae a crackit craig,
  A *Misadventure* findin—
Gin walkers dee'd frae sheer stravaig,
  What words for sheets o windin?

The lassie dee'd frae haean a bairn,
  The findin, *Naitural causes*—
Gin laddies dee'd frae a rod o airn,
  What plea wad howl frae hawses?

The makar dee'd frae a wounded hert,
  A *Self-inflicted* findin—
Gin makars live in anither airt,
  What doom's forgot in mindin?

[28 July 1968]

CULT

Frodo lives!
'Who says? What gives?'

That mythical midget
(Who set in a fidget
A poet as pure
As mild Edwin Muir)
Has mustered the Yanks
For marching in ranks
With buttons and banners
Of Middle-Earth manners
That flaunt their addiction
To fantasy-fiction
Sent flittering off
By an old Oxford Prof
Indulging in mystics
When bored with linguistics
As dead as the dodo—

Much deader than Frodo.

[29 July 1968]

MONSTROUS!

Dracula's daughter, Frankenstein's bride,
  Each darling monster maiden,
  On you my love was laden,
Delicious horror's distaff side.

Those babyish blondes who felt your bite
  In throats as pale as skim,
  For me their charm was dim
To the black of your hair and your heart's night.

I feared your fathers, detested your mates
  Who paused in pursuit of redheads
  And spelled you to serve their deadheads
—They ruined our consummation of fates.

Yet still they were always actors only,
  Karloff and Bela Lugosi,
  Familiar familiars, cosy
As country cots no ghost makes lonely.

But you were the nameless nymphs who haunted
  The houses of all my dreams
  With savage sweetness of screams,
Your victim virtue, torn and taunted.

A boy, I loved you, wonderful witches,
  Fated to fail and burn
  —From you I began to learn
To love the world and its terrible riches.

                                    [29 July 1968]

BURD ALANE
(To Cath)

My burd has flawn til the south o France,
      The simmer sun migration,
To bigg her bield on a bough that's bronze
      I' the tree o transformation.

Back north, back north my burd maun flie,
      To bleeze in hairst and snaw-time
Wi brennan breist and burnished bree,
      My hert her bield for aa-time,

                                    [30 July 1968]

136

MCLUHAN

Maybe the medium
is the message.

I asked the medium
but got no message.

The flesh was willing,
the spirit weak.

[31 July 1968]

COVER GIRL

From the enfillade of her eyes,
the encirclement of her arms,
the charge of her breasts,
the envelopment of her hips,
the pincer-moves of her thighs,
her total onslaught—

no cover.

[31 July 1968]

MAO

The mandate of heaven (the process *he* called history)
Had settled his infidel arse on the peacock throne
To serve the people after the ancient mystery—
The emperor sits in the chair of state alone.

[31 July 1968]

O.H.M.S.
('I will soldier no more.'—Classic statement of mutiny in army regulations.)

'I'll sodger nae mair,' said the swaddie,
'For aa that my maisters say—
  Wi tholan and pynan
  Whaur battles were tynan,
At last I hae drapped frae the day.'

'I'll sodger nae mair,' said the serjint,
'For aa that my maisters say—
  Wi tholan and heezan
  Whaur battles were bleezan,
At last I hae connached in clay.'

'I'll sodger nae mair,' said the captain,
'For aa that my maisters say—
  Wi tholan and killan
  Whaur battles were spillan,
At last I hae faan til the fae.'

'I'll sodger nae mair,' said the general,
'For thon's what my maisters say—
  Wi tholan and winnan
  Whaur battles were brinnan,
At last I hae gotten it gay.'

[3 August 1968]

ALLERGY RASH

This itch I hae,
It gies me scarts—
The flesh wi fingers,
Paper wi pen.

The cure I ken,
Nae trock wi singers
And nane wi quarts—
Guid health's gey wae.

[6 August 1968]

MAKARS MEET
(*To Helen B. Cruickshank*)

The auld wife sings
At the kirkyaird waa,
And the middle-aged makar
Maun listen til aa,
Maun hear it sae young,
The lilt o her cry,
In spite o the years
And the love lang by,
The hopes that crottled,
The dwaums that smoored,
The freinds that connached,
The faiths that hured,
In spite o the hairsts
That rain dinged doun,
Nae storm can winter
The spring o her tune—

But the middle-aged makar,
For aa the bricht air,
Kens ice in his hert
And snaw on his hair.

[7 August 1968]

SUMMARY

The Lord commanded humankind:
'Increase and multiply!'

But the people
Grew and divided.

[10 August 1968]

CUSTER'S LAST STAND

Poor
Mrs
Custer.

[14 September 1968]

WEST GOING WEST

From missal
to missile.

[1 March 1969]

FAITHLESS

To-night and every night my faithless loves
Are put to bed and lie with married men—
A bevy of blue-eyed blondes, brunettes in droves,
And routs of redheads, dreamed long since as mine,
Sleep dreamless, wrapped around in other arms
Whose presence cheats the past of all its charms.

But far more faithless than those loves am I,
Remembering still each stab that ripped the heart,
While they forget the wounding reasons why
Their youth was hacked and torn by passion's hurt
And lose the dreams their unloved years denied
Before they found the flesh they lie beside.

Faithful to flesh, to-night and every night,
Each lives for a later love, as I for mine
Would choose to live, the others sunk from sight,
But memory, mother of art, makes each remain
In fabulous life for me, whose faithless mind
Laments all loves, though left long years behind.

[11 March 1969]

REVOLUTION

Be brithers
—or smithers.

[18 March 1969]

ARIADNE DESERTED BY THESEUS

A Cretan
—greetan.

An Athenian
—seen yin?

[18 March 1969]

OLD SONG

In dales below the mountain
They were singing songs of love,
But up on the cliffs and the corries
They were killing every dove.

The young man kissed his lover
Before he climbed away,
'I'll bring you back a feather
From every bird I slay.

'I'll bring you back a feather
From every dove I kill.'
'Don't go, my dove, my darling,
It's death to dare the hill.'

The young man kissed his lover
And laughed away her sigh,
'I'll bring you back a feather
From plumes that cloud the sky.'

He scaled the murderous mountain,
He fought its stone and mist,
She waited long and lonely
And all too lightly kissed.

He glimpsed the birds above him,
They flew like snow in snow,
They lured him high and higher
But yet he lagged below.

They fled before his fingers,
They scattered before his sling,
They mocked the flight of missiles
With flirts of tail and wing.

He sprang in the sky to seize them,
He only seized the sky,
With blizzards of birds about him,
He fell and saw them fly.

Their flakes went swooping round him
Where low and still he lay
From midnight through to morning
With dark across his day.

So blinded by death's dazzle
To plumage flashing white,
He never saw the feathers
That fell and starred his night.

[24 April 1969]

SCOTCH ASTROLOGY

Omen
In the gloamin.

[23 June 1969]

SCOTCH SEX

In atween
Drinks.

[12 July 1969]

SCOTCH RELIGION

Damn
Aa.

[13 July 1969]

SCOTCH SOCCER

Robbery
Wi violence.

[14 July 1969]

SCOTCH EDUCATION

I tellt ye
I tellt ye.

[14 July 1969]

SCOTCH GOD

Kent His
Faither.

[16 July 1969]

SCOTCH QUEERS

Wha peys wha
—For what?

[16 July 1969]

SCOTCH PROSTITUTION

Dear,
Dear.

[16 July 1969]

SCOTCH LOVEBIRDS

Cheap
Cheep.

[16 July 1969]

VON BRAUN

You built the *Apollos*
from London bones.

Your hypodermic stabbed space
and drew blood.

Was Cain the captain
who read us *Genesis* round the moon?

Killing creator,
breath to a dead world.

Whose bones will we bury
to grace it green?

[16 July 1969]

SCOTCH FRACTIONS

A hauf
'n' a hauf.

[16 July 1969]

SCOTCH EXILES

Love ye
Further.

[16 July 1969]

SCOTCH TROUBLES

Monie a pickle
Maks a puckle.

[17 July 1969]

SCOTCH ENGLAND

Dam'
Nation!

[17 July 1969]

SCOTCH UNIONISM

Wallace bled but
Here's their transfusion.

[17 July 1969]

SCOTCH PRESBYTERIANISM

Blue
Do.

[17 July 1969]

SCOTCH GLASGOW-IRISH

God
Weirs a green jersey.

[17 July 1969]

SCOTCH LIBERTY

Agree
Wi me.

[18 July 1969]

SCOTCH EQUALITY

Kaa the feet frae
Thon big bastard.

[18 July 1969]

SCOTCH FRATERNITY

Our mob uses
The same razor.

[18 July 1969]

SCOTCH OPTIMISM

Through a gless,
Darkly.

[5 August 1969]

SCOTCH PESSIMISM

Nae
Gless.

[5 August 1969]

SCOTCH MODERNITY

Auld
Lang syne.

[5 August 1969]

SCOTCH INITIATIVE

Eftir
You.

[5 August 1969]

SCOTCH ORANGEMAN

Bully
For Billy.

[5 August 1969]

SCOTCH GENIUSES

Deid
—Or damned.

[5 August 1969]

SCOTCH FREE-LOVE

Canna be
Worth much.

[5 August 1969]

SCOTCH GENEROSITY

Eftir
Me.

[6 August 1969]

SCOTCH CO-OPERATION

Pou thegither
—My wey.

[6 August 1969]

SCOTCH AFTERNOON-TEA

Masked
Pot.

[6 August 1969]

SCOTCH GAELDOM

Up the
Erse.

[7 August 1969]

SCOTCH WAVERLEY-NOVELS

Tales anent
Trains.

[7 January 1970]

BLACK IS BEAUTIFUL

Black is bonnie, broun is braw,
  Bronze is bricht as brandy—
  The tarbrush, traverse-trendy,
Maks darkness sclent like screak-o-daw.

Sae fairheid's stown frae aa the fair?
  The only ugsome's whitey?
  The pearl's a pickit beauty?
The nicht has faan on gowden hair?

Nae drumlie dark can shed the sheen
  O' ilka heid and onie
  Frae black til blonde as hinney—
They aa hae licht for lichted een.

But aye ablow them, happit, hid,
  Thon aesome hue is steeran
  To haud their fairheid farean—
Cramassie colour, brichtness o bluid.

[6 February 1970]

A QUESTION OF VOWELS
(To George Russell [A.E.])

A.E.
I.O.U.
?

[11 April 1970]

OSCAR AWARDED

Said Oscar Wilde til Oscar Tame,
'And hou are aa the fowk at hame?'
  Said Oscar Tame,
    'The same.'

Said Oscar Tame til Oscar Wilde,
'And hou's the bonnie gift ye fyled?'
  Said Oscar Wilde,
    'Lang jyled.'

Said Oscar Deid til Oscar Quick,
'And hou's my sang frae Reading nick?'
  Said Oscar Quick,
    'The pick.'

Said Oscar Quick til Oscar Deid,
'And hou's the hert that cowped your heid?'
  Said Oscar Deid,
    'Worm-feed.'

Said Oscar Syne til Oscar Nou,
'And hou's the warld that gart me grue?'
  Said Oscar Nou,
    'A spew.'

Said Oscar Nou til Oscar Syne,
'And hou's the life ye skailed like wine?'
  Said Oscar Syne,
    'Owre hyne.'

[30 July 1970]

REALPOLITIK

Hate you
you cunt
you don't think like me

Hate you
you prick
I don't think like you

Hate you
cunt
prick

Hate you
Hate

Hate

HATE

HATE

[24 July 1970]

BETWEEN DELPHI AND THEBES

Where Swollenfoot once did his daddy in
  (Where Oedipus slew his sire)
The bauxite mines have swollen, 'grey as tin,'
  To dowse the Muse's fire.

But still she blazes song in the dark dale
  That drives from Delphi down,
Her flame a radiance wrenched from ash and shale
  Where every light should drown.

She sings of wine and oil from the sterile shade
  Where even the grass is grey,
Of riches dredged from dearth, the dismal glade
  A glitter to wealth's way.

The road runs through, but still the riddling Sphinx
  Demands reply, reply,
'If plenty thrives from thicker gloom, who thinks
  Of legend lore? And why?'

The road runs through to Thebes, its twists and turns
  A maze that mirrors thought
To teach the truth that every traveller learns,
  Though scarce the truth he sought.

The Sphinx is male and female, close conjoint,
  And all its riddles tricks,
And every crossroads stands at the still point
  Where light and darkness mix.

[26 July 1970]

SCOTCH POLITICAL-PARTIES

Monie a puckle
Maks a pickle.

[27 July 1970]

SCOTCH CHARITY

Ends
At hame.

[30 July 1970]

THORN PHILOSOPHY
(*Athens*)

Trod on a
thorn
in the Theatre of Dionysus
and didn't give a
single
howling
curse
that its ultimate
umpteenth
great-great-grandpappy thorn
might once have had the pricking
privilege
to sting the Socratic
sole.

[2 August 1970]

PAST AND PRESENT
(Saronic shore)

Guide said
'Piraeus
long walls
Spartans
disaster'

Guide said
'Salamis
wooden walls
Persians
victory'

Saw them through a fun-fair.

                                    [3 August 1970]

ARCADY

The shepherds of Arcadia
look like lumberjacks
and herd goats.

The goats are glossy brown
and horned, like the
county of Arcadia,
the landscape lion's hide
and horned with mountains.

The goats have the face of Pan,
the antique mask of
an outlook older than men,
and other—

155

The otherworld of
Arcadia.

[5 August 1970]

STADIUM AND TAVERNA
(Olympia)

Zeus and Hera
are dead rubble
where runners sprinted
for olive crowns.

But Dionysus and Pan
(with ouzo and bouzouki)
achieve the eternal
revel.

[6 August 1970]

GREEK FIRE
(Delphi)

Castalian water,
clearest of every
spring,
cleanse my imagination,
even as you cleanse my
mouth,
and make me sing like the
sybil
from the navel-stone of the
world,
with the magic of incantation,
the terrible edge of
truth,

and all the ambiguities of
art.

[7 August 1970]

BAD TASTE

They say that Socrates drank.
He took hemlock.

Anything, anything
rather than *retsina*.

[9 August 1970]

NOBLE SPLENDOUR
(Thessaly)

Two white horses.
One green field.

[9 August 1970]

JOURNEY AND PLACE

To ride into a myth
and find it real,
yet more fantastic than the most
fabulous dream.

This is the legend
shaped in a land,
this is the country
formed in a fable.

[10 August 1970]

MOUNTAIN MONASTERIES
(Meteora)

Up and down
precipitous cliffs
in a rope basket
only changed when the
rope broke.

Contempt for the flesh
a faith that faced a
fall
of
three
hundred
feet.

[10 August 1970]

SARONIC GULF

Crossed to Aegina
halfseasover.

[10 August 1970]

DARLING

And Sappho
too
was 'small
and dark'

—a dagger
of love.

[10 August 1970]

LOVE IN AEGINA

As I
entered,
the shrilling
cicadas
shrieked to
silence.

[10 August 1970]

DIFFERENCE

Centaur
stencilled on cabin wall.

She said,
'Neither man nor beast.'

He said,
'Man and animal both.'

Torso human,
quarters horse.

But joined
exactly
where?

[11 August 1970]

GOLDEN MYCENAE

Stones and graves,
stones and graves,
the haunt of heroes,

the hell of slaves,
with never a glint
of their golden glaives,
their glittering fetters,
their gleaming staves,
but ruin, ruin,
stones and graves.

[11 August 1970]

AGORA
(Corinth)

Roman Corinth leaves me cold
even in the blaze of noon,
although St Paul stood preaching here,
then kept in touch by letter
on faith and hope and love.

This market-place shows faith
in market-values only,
the hope of gain,
the love of profit.

A dull huddle of cheap stones,
a couple of facing platforms, equally mean,
the one where the saint spoke,
the other where slaves were auctioned.

Whose voice was louder,
the auctioneer's or the apostle's?

And whose is louder now?

[12 August 1970]

MELTEMI
(North wind, Aegina)

Darkness and sleep have lost the struggle
with wind and sea,
the wind flogging the waves
to charge and charge and charge and charge
the rocky shoreline,
butting and goring.

Now I know why
Poseidon,
god of the great waters,
was Earth-Shaker,
Bull from the Sea.

Out of the depths I hear him
bellowing anger,
trampling, trampling.

The earth shudders,
the air of the island quakes.

[12 August 1970]

ACCOMPANIMENT
(Aegina)

In the day
    the cicadas
        scissor the light.

In the dark
    the seaserpent
        hisses the night.

[13 August 1970]

161

HOTEL GARDEN
(Aegina)

Roses
from hoses
to mock
the rock.

[13 August 1970]

LAST MORNING
(Aegina)

Eve she excelled,
she brought me figs
from the wild fig-tree
and shining grapes
from the tentless vine.

[15 August 1970]

ORACULAR

Awake all night in the cauldron of summer Athens,
listening all night long
to the bellow of engines, the yelp of brakes,
the howl of tormented tyres,
aware that these noises assaulting the nerves
are an agonised image
of twentieth-century Time,
I think on the silence of Delphi,
Parnassus brooding
above a grey-green ocean of olives,
a double million drowsing their still dream,
but also remember

that even there, at the temple of reason,
the shrine of the human spirit
(where bright Apollo
uttered his dark oracles from doped mouths),
the priests accused old Aesop,
the fabulist of reason,
and hurled him down to death from the Shining Rocks
as a sacrilegious telltale,
an emblematic ending
for every tongue to truth.

[17 August 1970]

SCOTCH PASSION

Forgot
Mysel.

[14 November 1970]

SCOTCH LOVE

Barely
A bargain.

[14 November 1970]

SCOTCH SELF-SACRIFICE

Saxpence
—On Sundays.

[14 November 1970]

SCOTCH SOCIALISM

Reid
—Indeed?

[15 November 1970]

SCOTCH NATIONALISM

Tartan
Scartan.

[15 November 1970]

SCOTCH LIBERALISM

Pink
Kink.

[15 November 1970]

SCOTCH CONSERVATISM

Lowse
Grouse.

[15 November 1970]

SCOTCH LABOUR

Nine months
Hard.

[15 November 1970]

SCOTCH DRINK

Nip
Trip.

[16 November 1970]

SCOTCH POETS

Wha's the
T'ither?

[16 November 1970]

SCOTCH ASTRONOMY

Keek at
Uranus.

[4 December 1970]

COLLECTED CARGO
(For George Bruce's *Collected Poems*)

In the bad times
when fighters pounced from sun to sea
with guns aglitter as wave-dazzle

and in those better times
when only the sea was the callous killer
of men who went down in ships

you trawled for the silver darlings
with words in nice nets
that lured them shining into your hold

165

from a sea too chill for story
to a land too plain for myth,
your fishing fathomed full of its own legend.

[21 December 1970]

MAK IT NEW
(Til Alastair Mackie—and the younger Scots makars)

For lang, my fiers, for lang, for far owre lang,
My singin seemed 'the end o an auld sang'
(Begun as a dregy greetan for deid Alexander
And tint in his lifey namesake's trauchled dander),
For naebody born i the north sen 1920
Wad scrieve in aucht by Suddron (sweet and gentie).

For lang, my fiers, for far owre lang alane,
I saw nae sons o sang to cry my ain,
While skeelie stepsons tirled the t'ither tongue
In ilka airt (and insches gey far-flung)
Wi aa the beuks o ballants fremmit-fou,
Sen nane but Scotts in Scots wad 'mak it new.'

For lang, my fiers, my freinds were lyarts aa,
Wi fient the towheid linkan airms ava,
For ilka hauflin makar steeked his mouth
Til onie sangs but thae that whustled south,
And only auld-fowk threepit eident thrapples
To daur The-Day, thon smore wi deidly stapples.

For lang, my fiers, I socht ye, never fand,
Nae youthie yalloch steered the sleepan land,
'The grund stude barrand, widderit, dosk and grey,'
A winter warld that haar had happed in wae

166

—Or munerise, mervellous, out o the nor-east airt,
Cam brakkan bricht the howedumbdeid o the hert.

For lang, my fiers, I ferlied owre thon licht
That fleyed awa our singin's fleesome nicht,
But ferlied far mair fellon aince the lift
Took sheen frae sheen in sic a diamant-drift
O' starnie skinklin, airted south and wast,
The haill hypothec bleezed—at last, at last!

For lang, my fiers, I look to see your starns
Tak fire frae fire, frae herts and hands and harns
(That burn wi bluid, the flourish sib til the sun),
Abune the weird that fikey fates hae spun,
To daur the dark wi the lowean rose o rhyme
And mock the mools in ilka mairch and time.

[18 January 1971]

SCOTS WITHOUT SCOTS

Cats
who have lost their tails
proclaim the perfection
of tailless tabbies
only.

[23 January 1971]

PROBLEMS
('We have a problem here.' Apollo 13's report on an oxygen-tank failure)

The haill warld waited,
ten hunder million herts
in as monie mouths,
the haill warld harkened
til quaet voices
briggan the black howes o space
wi licht hope
o shipwrack saved,
the mune's mariners
steered through the stark lift
on a lifeline o skeelie science
(the wyve o human harns,
a hunder thousand hankan thegither
owre aa the waft o the warld)
that haled them frae toom heaven
to hame i the sea's haven
—and aye wi the camera's ee
the michty millions watched.
Ahint our backs,
the brukken corps o coolies
cam sooman alang the sworl
o the mirk Mekong,
their wyve o human harns
warped by the skeelie science
that made the machinegun's mant
the proof o pouer
to connach lifelines.

We hae a problem here.

[13 February 1971]

168

FALLEN IDOL: MOHAMMED ALI

Defeat
of Clay.

[9 March 1971]

ATLAS

A michty fardel,
The haill wardle;
The muckle stane
Was blae wi pain;
Its streaks o reid
Were skailit bluid;
Its siller sclents
Were teardrap glents;
Its whummle wecht
Was sabbin sech't,
Sae laich, sae lourd,
Sae lang endured.

His shouthers boued,
He girned and grued,
But bure it hie
—For wha to see?

Just you and me.

[9 March 1971]

MONSTERS: LOCH NESS

'Where *can* the beastie be?'

The binoculars boggle,
attempting to plummet and plumb

the darkest deeps of the loch,
inverted periscopes sweeping
the liquid scene to the last of its
countless cubic inches
for any approach to appearance

—while everywhere round and above them
the monstrous mountains
glower at the moving monsters
in water's ruffled glass.

[29 March 1971]

DANCER

My love is a dancer,
Spinning the blood of my heart,
Whirling the earth on its axis,
  Swift as a dart.

The leaf is no lighter,
Fluttering silk to the breeze,
Lifting in feathery shimmer
  The freightage of trees.

The foam is no finer,
Spumed from the surf of the swell,
Flying as fast as a seabird,
  White as a shell.

Her dance is the defter,
Poised on the points of the breath,
A leap in the dazzle of daylight
  And darkfall of death.

This world is a wonder,
Questions denying an answer,
But over its litter of lies
My love is a dancer.

[6 April 1971]

ORDER

The leader admonished the
People.

He mightily megaphoned,
'People!'

The people obligingly
Peopled.

[8 April 1971]

TROUBLED WATER

Girlpull

*

Malestorm

[29 April 1971]

AFTER *A DRUNK MAN LOOKS AT THE THISTLE*

A junkie
        gawks at the
Haggis
        —Shit, man!

[3 June 1971]

HISTORY REPEATS ITSELF
(Sparta)

A geometrical
German township,
drilled into stiffness
by squares.

[8 July 1971]

DOWNFALL

It rained in Sparta,
a cloud that blighted
the Greek summer.

[8 July 1971]

LACONIA

The richest province,
where even in mid-July
the rivers retain a
distinct suggestion of moisture.

[8 July 1971]

OUTLAWS
(Laconia)

Between the bank and the
narrowed bed of the river
the landless gypsies squat
on the unpossessed stones.

[8 July 1971]

SPARTAN BIRTH-CONTROL
(Mount Tayegetus)

Rust-red rocks
—the blood of unwanted bairns,
too frail for the phalanx,
too weak for the work of the womb.

[9 July 1971]

BATTLE GRAVEYARD
(Navarino)

Beneath the cenotaph
a bleached bone
—the jaw of an ass?

[10 July 1971]

REMEMBRANCE
(Navarino, 1827)

On the Russian memorial stone,
a late reminder,
the hammer-and-sickle.

In the Russian memorial chapel,
muck in the sanctuary,
trash on the altar.

[10 July 1971]

'WITH YOUR SHIELD, OR ON IT'
(Bay of Pyles)

Here the Spartans surrendered
—reversing nature.

The eye, expecting
the flash of gulls,
finds funeral ravens
benighting the rocks.

[11 July 1971]

SWEETNESS OF SUCCESS

En route from divine Delphi
to urban Athens,
we smell our civilisation,
fifteen miles off.

It stinks.

[15 July 1971]

TWO MUSES
(Athens)

She sits in bra and panties
writing poems.

I sprawl in my showered skin
on the naked bed
—more loins than lines.

[16 July 1971]

GODDESS
(Aegina)

Wild Aphrodite
arose in a gleam
from the glistering wave
as a rare revelation of
    Cath
in the briefest bikini.

[23 July 1971]

DEITIES

Our God, as Jesus,
Dree'd His death,
But aye draws breath,
New-crouned as Croesus.

[1 September 1971]

BABOON
(Athens)

Unmoved, unmoving,
Olympian-aloof,
you poise in your open trailer
a black Zeus enthroned,
while chattering tourists
baboon their behaviour,
with animal animation
transforming coach to cage.

[2 September 1971]

QUEERED QUERY

At the fit o the waull
whaur I socht for truth
I fand the reflection
o fikey faces
that tellt me nocht
but the need for speiran

—my ain bit phizz,
and the man i the mune's!

[16 October 1971]

THE COLOURS

Red on green,
the blood on Ireland.

And grass growing
from spilled scarlet.

[11 November 1971]

ONE WORLD
(17th December, 1971)

The day that the killing ended
on India's coral strand,
I finished typing 'The Structure
of *The Lay of the Last Minstrel*,'
went out for a bottle of malt,
had a couple of nips with Cath
(who needed them, back from a
schoolkids' Christmas party),
got into bed with her,
screwed ourselves into sleep,
rose up to go to an 'adult' party,
sauntered across there,
chatted to this one, that and the t'other
on sweet damn all,
got stoned on a half-and-a-half
and a half-and-a-half
etcetera ad infinitum,
staggered home and
crashed into kip and
ended unconscious.

Far off on the fragments of Empire
the brownskin corpses blackened.
The kites swooped.

My brother's keeper?

[17 December 1971]

BEAST FABLE

Poor Kong, poor sucker Kong,
the blue-eyed blondie done him wrong,
she made a monkey outta him, nude in his paw
—there should be law
for protection of giant apes
from shameless feminine shapes,
the way that female victims strip to the skin
is a sin—

No wonder he
fell
for her—off the
E
m
p
i
r
e

S
t
a
t
e

B
u
i
l
d
i
n
g

SPLAT!!

His only obit
from Beauty
—'Beast!'

[12 January 1972]

KONG WAS KING

Sae far awa, the insch whaur Kong was King
    And fancied Fay
Was wan and wae
    To watch thon apish etin dunt and ding.

Gane gyte wi love, he loundered yett and waa
    For Gowdenhair
That sabbit sair,
    She'd seen hou chairms o hers had fand his flaw.

Her blondie beauty, eftir quines o colour,
    Had brunt sae bricht
As blind his sicht
    Til aa but the ae fair heid, his doom and dolour.

To rax sae far, he rived his warld apairt,
    Thon ferlie earth
O' monster birth
    Owre wee to haud the swirl that swaulled his hert.

But muckler ferlies, born o the Nineteen-Hunders,
    Had band him fast,
A beast frae the past
    Nae maik for modren pouer that fanks and funders.

A keekin-shaw til crouds in mirk Manhattan
    (A jungle jyle
On a coorser isle),
    His leddy fair anither 'sicht,' in satin—

179

He bruke his bands, he grippit his queen o glamour
    And sclimmit hie
To win them free
    O' fikey fowk that deaved the warld wi yammer.

On tap o the heichmaist biggin (the Empire State)
    He fand a den
Whaur midgie men
    Micht gawp ablow but never gang thon gait.

The Lord o the lift, he blattered neives til breist
    Wi rair on rair
That flegged the air
    Wi micht that made him King owre ilka beast.

But no owre ilka bird—the fechter-planes
    Cam thirlan thrang
Wi stang on stang
    Frae guns that stouned aa airts at him his lane's.

Hurt sair, he socht for grace at's gowden chairmer,
    And saw her couer
Awa frae's pouer
    —Til fear and hate the hert has fient the airmour.

He drappit, deean, aa thae storeys doun,
    Sae banned frae bliss
For want o a kiss,
    The Beast that Beauty killed wi a cauld froun.

Sae far awa, thon insch whaur Kong was King
    —And far the time
That thocht it crime
    To love the bonnie owre ilk ither thing?

[13 January 1972]

180

ALCOHOLIC ORIENTAL

Fu
Manchu.

[18 January 1972]

WOMEN'S LIB

Alive and
kicking
against the
pricks.

[1 February 1972]

FRONT LINE

'Blood,'
said Pilate, giving up jest
(since truth was not the issue),
'Blood?
I've none on my hands'
—but he washed them
and washed them over and over
as wholly unholy insurance

—They ran at us
ran at ME
Them
THE ENEMY

'Fire!'
I cried (I ordered)
'Fire!'

And they fell

While my all-too-obedient servants,
the soldiers at my command,
my brothers, my sons,
they too,
with bullets bashing their brains,
they fell

—An unconscionable time
a-dying
a-dying

Christ from the crosstree
charged us
firing

Christ from the crosstree
killed them
crying

Dying and crying

CHRIST

[7 February 1972]

A GARLAND FOR JUDY

Over the
rainbow
somewhere
(anywhere?)
nowhere
gone

—your song's
sweetness
impossible
as the scent of
last year's
rose.

[7 March 1972]

SCOTTISH SPRING
Daffodil
Snow.

[27 March 1972]

SWAN ZEUS

Take me
to your
Leda.

[3 April 1972]

GEORGIAN EDINBURGH

Raised
by merchant princes!

Razed
by grocer baillies?

[8 April 1972]

HOLY WATER
(To Cath and Elleni; Vale of Tempe)

In the dwarfing holy grotto
I drank from the pagan well,
bent double over a Christian candle
that burned my blasphemous cheek.

The nymphs were knelt in laughter,
the crowding cavern shone.

[c.10-14 July 1972]

HOLY PLACE
(Vale of Tempe)

Much less than four metres
low.
Almighty God determined
to get me down on my knees.

[c.10-14 July 1972]

HOLY MOUNTAIN
(Olympus)

That heaven
is hidden away in a
haze.

[c.10-14 July 1972]

IN THE STEPS OF ST PAUL

We met at Philippi
a bunch of religious Yanks
(and cranks)
who had gate-crashed the queue at the
bank for drachmas
while reading *Acts*.

They fondly fancied baptismal fonts
in ruts of the Roman road.

[14 July 1972]

CELIBATE MONKS
(Mount Athos)

No girls allowed,
no lads that are less than twenty.
That holy crowd
have perfect peace
        —but plenty?

[15 July 1972]

STORM
(Calchidiche)

Thunder at dawn,
explosion of mad tom-toms.

Old sky-god Zeus
has a bellyache rumbling.

It was never the Greek way
to suffer in silence.

But Zeus's flashes of anger
are far too blinding a fury.

And all those tears of rage
—too much of a rain of terror.

[16 July 1972]

RUIN

At the site of Olinthos,
nothing whatever,
a barren hill,
a million thistles.

A monarch, Philip of Macedon,
exercised kingcraft here,
the thorough brute,
and left as the only ruin
his reputation.

[16 July 1972]

MOSAICS
(Pella)

Great Alexander
was made of a myriad pieces,
but Time unmakes his greatness
to myriads more.

[18 July 1972]

LAKESIDE
(Kastoria)

The foolish fish
make rings on the water,
inviting capture.

A foolish viper
makes rings on the road,
inviting capture.

And foolish sinners
make rings on the frescoes,
inviting capture.

[19 July 1972]

ELSEWHERE
(Kastoria)

This alpine Greece
—I sit in my chalet
by Lake Lucerne.

The firs rustle
—across the water,
Mont Blanc in snow.

But the orthodox chant
from the lakeside chapel
sings of the south.

And darkness drones
with mosquitoes mad
for foreign parts.

[20 July 1972]

MOUNTAIN HERDS
(Western Macedonia)

Impossible to divide
the sheep from the goats.

[20 July 1972]

GREAT FIRE

Salonica burned like a beacon
in 1917.

A year when Hugh MacDiarmid
'sodgered 'neth the Grecian sky.'

No doubt even then he was smoking
his thick black.

Did he throw away an unnumbered
lucifer as a light?

The catching conflagration
has altered a whole landscape.

Thessalonika, 20 July 1972

VICTOR
(Dodona)

The theatre built by Pyrrhus
stands ready still for drama,
though the sacred oaks are down,
the oracles each deserted.

The byword king can boast
that of all his victories vanquished
one if one only
has proven not to be pyrrhic.

[21 July 1972]

TIL AN OCTOGENARIAN GENIUS
(Hugh MacDiarmid, b. 11 August, 1892)

They kiss your erse at
echty
that kicked it aince at
forty.

The reason maun be
wechty
that maks them aa sae
clorty.

Ye'll kick their teeth at
echty
for thon was aye your
forte.

They'll cry ye 'fine and
fechty'
that damned ye 'reid and
rorty.'

Glasgow, 9 August 1972

REBIRTH

I ken as spring
the yeuk o the skin scartan,
seekan to slough itsel, ettlan
to end the auld
—thon wrunkled edder—
and stairt as a split-new serpent,
bricht as the birth o a star
frae the stour o space
or the glenteran spear o a snawdrap
frae mirky Janiveer mools,
to wauken the warld frae winter
wi stang on stang
o fiercest fairheid, shairp as the stound
we ken as spring.

[1 April 1973]

HAIR OF THE DOG

Between the hirsute young
and the hairless elders
I carry Cavalier locks
and Cromwell chin.

The bald have razor frowns
for my hairy cranium,
the bearded a bushy curse
for my bladed jaw.

But both sides see me a Samson
with too much on top
and both of them howl for a barber,
'Give him a trim!'

190

To keep the hair on my head
by a barefaced trick,
I poise my poll in the gap
that divides generations.

I vanish from either view,
the young being blinded
by forelocks over their eyes,
the old short-sighted.

My fleece grows lank and long,
my jawbone blues
—who cares how that legend looks,
the invisible man?

[7 May 1973]

EXCESS

Medusa went much too
far,
she made the whole man
stone.

[6 July 1973]

DREAMS

Thae dreams are deid, the dreams were dreamt langsyne,
Thon watter never cheenged til wanted wine,
For aa that aa thae dreams were fine,
And mair nor mine.

They dee'd in battle, drouned in tears and bluid,
Or tint their wey in peace, a darksome wuid

Whaur freind was fae til ilka guid
And truth a whid.

Withoutten dreams, wha daurs the licht o day,
The mirk o the howedumbdeid, the gloamin's gray?
There's een that only makars hae
To look on wae.

Withoutten dreams, to look on wae and sing,
To see and ken the hert o aakind thing,
Whaur hope and wanhope mell and ming
To danger's ding—

This is the makar's darg, withoutten dreams,
To sing The-Day itsel (whan aa that seems
Is dark as onie ither deems)
—Till darkness leams.

[26 September 1973]

NATIVITY SCENE
(Cave of Dictys, Crete)

Climbed up a mountain in
order to
climb down a hole.

Crazy, just crazy. 'The
birthplace of
Zeus'—what a womb!

Darkness and slithering
wet in the
Earth-mother's cleft,

ravished and ravishing,
bearer of
men and the gods.

Darker and deeper I
drove myself
down on her midst.

Climbed up a mountain in
order to
feel like a sperm!

Crazy, just crazy. This
incest is
open to all.

                                        [7 October 1973]

TIL JOHN MACLEAN 23/73
(Eftir the anniversary celebrations)

Ye saltired the reid flag
and connached condemned
as a double daftie.

Fifty year on (and on)
ye're a double messiah,
baith scarlet and blue.

But wha hae the reidest faces
and wha the bluest
o aa your converts?

They praise ye wi pentecost voices,
gifted—but girnan,
the t'ane at the t'ither.

You lie in your voiceless lair
wi ae colour,
the mirk o the mools.

There's fient the resurrection.

[17 December 1973]

LAMENT FOR A MAKAR
(I.M. Douglas Young)

Ye dee'd in Dixie—yon's
a queer 'last lauch'
on a mockan makar
whas sang o the sterk cypress
leuch at the minister's lair—
there's you that tholit the jyle
afore ye'd thole the Union,
yet failed sae far at tholan
our ain owre thankless country
as flee intil exile,
no for a tint cause
(the cause o this connached fowk)
but ettlan for aince to win
instead o forever wantan,
and preean the prize
o the tap title, 'Prof,'
and a puckle dollars.

And nou ye're deid in Dixie,
exiled, but aye
in a connached country
wi fowk like ours that fell
til the strang stranger
—a fikey fate,
and sair, sair to thole.

Your ain epigram's end
was hardly sae coorse a caution.

[9 January 1974]

POETRY READING

The undoubted lion
is throwing himself
to the doubtful christians.

They gulp in gobbets
the blood and the bones
of the muse's martyr.

The arena cheers,
a din that echoes
his last cry.

Reborn on that breath,
he rises roaring,
a lion refreshed.

His real resurrection
relieves the doubts
of the doubtful christians.

[8 April 1974]

MIRROR, MIRROR

Through the two-way mirror,
the monstrous couplings
of fallen angels.

Engorged without ecstacy,
clung without climax,
doing undone.

Wrestlings, wrestlings,
transmalformations,
demon misdeeds.

But useless strivings,
passionless passions,
rages dead.

They weep, tearless,
immortal anguish,
fulfillment fallen.

—This side the mirror,
blood, sweat,
the mortal flesh.

Death and creation.

[11 May 1974]

PRE-CLASSICAL

They call that look 'the archaic smile,'
that bliss
on faces carved before the Persians conquered,
smashing and burning,
and Athens fled from the erstwhile
inviolate city
to desperate ships and treacherous seas.

Conquest reconquered, laurelled,
return to a fresh foundation

with Pallas Athene perfect in proud marble,
but never again
that deeply secret sweetness,
that inward ecstatic
expression of inexpressible
oneness with all.

Now there were men like gods
(or gods like men),
too consciously noble
—and nubile with it.

The secret smile
discovered a dark survival
in Persian desecration,
with broken statues buried by mourning Athens
before the new temple rose
for the newly-arrogant goddess.

Her pride fell,
and followers far more haughty
went toppling too,
the Three-piece God
and Allah the Only
were aeons less than eternal
—the spade explores their wreckage.

That ancient innocence,
murdered by brute marauders,
is smiling still,
destroyed to indestruction,
recovered all its irretrievable joy.

[25 June 1974]

A SAVING
(Thassos)

'Gratis!' he cried
(in his foreign fashion),
and lit his fag from the focus
that glassed the magnified blaze
of the vertical sun.

The Aberdonians aren't quite all
in Scotland's Dallas-on-Dee.

[9 July 1974]

SCOTCH OIL

On troubled
Water.

[22 August 1974]

GREEK SUMMER '74

Our private paradise
falls to be part of the world,
a purgatorial place
where the sun shines
on all the just and unjust
and every injustice
and also upon the incredible
restoration of right
at the cost of the kill
on another paradise island.

While godless murder lurked
for a godly president's life,

we trudged the hill on Tinos
to offer unorthodox alms
in the church disguised as a sultan's summer palace
(all shine and shade)
for a heretic view of the Virgin's holy ikon
where crouching christians sank their foreheads to floor
like muslims to Mecca
but wailed a hellenic worship—Greek to us—
that echoed lament for Adonis, son and saviour,
slain to rise in the spring.

From hill to harbour, past the tempting placard
that offered the English press
(but 'No news is good news, here on our holiday isle'),
to sit and stare at a scintillation of sea
while sampling sea-food (broiled *barbounia*)
and pouring libations down our pilgrim throats
to the belly's god
with wry retsinas,
turning our heads from the headlines
that might have proved our paradise one for fools.

North to another nonchalant island,
the beach on Thassos a golden bow,
the bodies brazen,
but north ignoring the omens,
the archeologist's scholarly exposition
of Orphic rites
that all of a sudden exposed a different ritual
from fifty generations, fear
that twisted a hating face to 'the terrible Turk,'
the khaki convoys crowding
where once the tourist coaches cruised alone,
the bridge of boats
('An exercise only')
that doubled the bridge of steel where the stone Lion
stood sentinel over Amphipolis' classic slaughter

and posed for camera pictures, clicking eyes
forbidden to blink at the uniformed builders
whose play rehearsed another act of war.

Then south to the Attic summer,
so hot that the sunflowers turned their
backs to the sun
in the dazing lunge of light
—till langour broke
to a blare of televised trumpets, barked commands
that emptied the beach of its bronzed Apollos
with marching orders from Mars.

Invaded by urgent word of invasion,
we woke to nightmare out of weeks of dream,
to cold horror at colder news
of hatred's heat,
of shots in the dark of a darkly-divided island
that drowsed through the perpendicular dazzle of noon
in a trance of terror
and rose to riot by night, the rifle's
brusque ultimatum
a wound in the throat of choice.

From chilling news to noisome rumour,
attack, repulse, advance, retreat,
the air alive with the din of death,
but empty air,
the passenger-plane procession
of holiday hopefuls
grounded as still as the grave
while fantasies flew as fast as cicadas,
senselessly chirring
of phantom armies embattled in Athens,
of coups, of counter-coups, all fierce encounters,
stuffing the hollow truth with myths of straw.

But legend lived
—and the chorus announced his coming
in victory's morse from a thousand motor-horns
that danced on delighted fingers
to herald the hero,
returned, restored, resurrected
from exile's tomb
to overwhelm the whelming plight of the people
who led him a laurelled way
to the place of power.

Our private paradise
falls to be part of the world,
a purgatorial place
where the sun shines
on all the just and unjust
and every injustice
and also upon the incredible
restoration of right
at the cost of the kill
on that other paradise island.

[3 September 1974]

CONTRARS

Queer that the contrars, black and white,
are baith o them haly hues,
are sainit sae
wi the white Christ
and the blackenan bluid o wounds
gane cauld on the blacker cross.

Thon daith gied birth
til a rainbow revelation
on pilgrim Patmos, greenest insch

i the glenter o Grecian seas,
and heich on the hill abune the haly grotto
whaur archangel spak to saunt
frae a licht o glory
the great kirk skinkles
blinteran white,
a sheen to shargar the sun
wi a blessed bleeze
whaur the gouns o the monkish guides
are blacker nor bibles.

But nae mair black nor the Mormond braes
in mochie Buchan,
a lang lour o sterk stane
that darkens dule
abune the laigh o the land
to connach colour,
lair licht
—and yet it's ferlied yonder,
heich on the hill the pilgrim Picts made haly
the great horse skinkles
blinteran white,
to magic the mirk mountain
wi brichtness wrocht frae the blae rock
and shed its sheen as seed
to quicken the mear o the howe til aa her mairches.

Thon faith had founds in fushion,
the phallic virr,
the t'ither sprung frae the spreit
nae cross could kill,
but baith o them bigged frae the licht and darkness
that howder the hert
and baith hae crottled awa frae the want o colour
in heichtened heids
that ken nae hue as haly.

But yet thae contrar colours, black and white,
are baith o them human hues
—and sainit sae?

[18 September 1974]

TRUTH AND TRUE THOMAS

The wrang roads
—the 'lily leven,' the 'fernie brae'—
to hell or ferlie
gaed dounhill aa the wey
til their hindmaist end
in fire and seas o bluid.

The richt road
—'sae thick beset wi thorns and briers'—
to grace and glorie
gaed uphill aa the wey
til its hindmaist end
through fire and seas o bluid.

Here or Here-eftir,
Nou or in the eternal Aye,
the bluid and the bleeze
wad cleck ye in scarlet cleedin,
droun ye and burn
for life or immortal-lang.

Was Thomas true?
He lived sae lane in a cauld country,
its lift a lour,
its sang a smore o psalms,
his makar's gear
gaed mirk as a minister's goun.

[25 September 1974]

SIXTH AND FIRST

Christendom's wisest fule,
He happit his dominie heid
Wi crouns gane double indeed,
For either the guid or the ill
—What kirk? And whatten a mill?

[26 September 1974]

RICE PRICE

'The day that the killing ended
on India's coral strand'
—but the killing is endless endless endless endless
from famine, flood,
the savage sun
and the murderous massacre, birth.

We send them charity cheap,
to add some ounces
to rickles of bone for the ghat.

Those skeletals starve,
like Jews that we loosed from the laagers
that year of the phoenix freedom
when tyranny embered in ash
—but each of our brave battalions
that drove to crusade in khaki drab
was trailing trucks and trucks and trucks and trucks
of all of the rice in Asia
that none of us democrats deigned to endure
for the umpteenth insipid dessert
—while crawling Indian corpses
from riceless fields
who crept on their knees to Calcutta
were offered bread

and stuffed with it, stuffed with the staff
their bellies rejected,
retching, retching for
always and only
rice.

They died to decree
that government of and by and for the
PEOPLE
(identity undefined)
should never perish.

A grain of consolation?

[28 March 1975]

FROM INSIDE THE CAGE

The rats in the crowded cage
have all gone crazy
since medicine started mobs
by saving sorrow,
halving the deaths from disease
and halving those deaths
and halving those deaths again
and halving
halving
till all are whole,
a pullulation of people
as healthy as hell demanding heaven.

No room in the cage for
here
let alone hereafter,
and crazy rats who
fuck it frantic

faster than
death.

*But how much, how much
faster?*

[31 March 1975]

PLANET TERRA

Seen from space,
a bad egg.

[14 July 1975]

EXEMPLAR

My Da the pouer-loom tuner,
He gart the shuttles flie
To wyve the bonnie worsted
Wi fient the steek ajee,
To wyve it trim and tichtly
—And sae should ballants be.

My Da the left-airm bowler,
He gart the wickets flie,
His fingers wappan skeelie
Wad birl the baa sae slee
That batsmen tint the trick o't
—And sae should ballants be.

My Da the solo singer,
He gart cantatas flie,
The fikey words gaed waftan
On wings that spyrit free

Frae lirks o leir ablow them
—And sae should ballants be.

My Da the freind and faither,
He gart my scrievins flie,
For aa his arts looked artless
And aa were hard and hie,
Their makkin melled wi mairvel
—And sae should ballants be.

[20 August 1975]

TO DATE
I.M. Sydney Goodsir Smith (1915-1975)

I' the Glesca anthology
your Embro name,
and eftirhand the hindmaist
hemmer o nails in your coffin,
dates o birth and daith
that clash ye doubly deid.

Thon dowie Janiveer day
('Ane doolie sessoun to ane cairfull dyte
Suld correspond'),
the lift as gray as gravestanes, girss as weet
as the mourners' een,
we couldna jalouse ye connached,
your sang forever smored,
thon coffin far owre smaa
to lair the great lowe that your gallus leid
had flindered in flame,
your hert's heat
that kinnled a bleeze i the hert o this cauldest country
gane caulder nor Calvin's wraith
—we couldna, couldna jalouse it.

But nou i the bleeze o simmer,
here in this beuk for bairns,
the dates hae doomed ye,
'deid for a ducat deid,'
to bury your sang i the brackets ahint your name
and mak ye a bygane bard, an auld maister
that sax month syne
were aye the freind and fere
'sae late intil the nicht,'
sae monie nichts, sae monie mornins-eftir
we gliskit at through a gless
(and never darkly!),
you wi the sclent in your ee,
lifesome, lovesome, lauchan.

And here ye're preened til a page,
your bonnie butterflee wings
wi fient the flichter
for aa the fleer o their hues,
and mairkit, '20th-Century Makar,'
wi dates to fix ye deid.

A sair sicht—and nae less sair
for the look o the lave,
the neist fyow names i the leet
(wi mine amang them),
for yours has made ilkane o the makars
mortal,
our doom a hindmaist date.

[22 August 1975]

SCOTCH CAMP

Tak
Tent.

[3 April 1976]

A BALL IN BALI

They dance on corpses
to worship the gods.

Beneath their spirited steps
the bones of radicals rot.

Those devils denied the myth
for a different dream.

The myth became murder,
a dance of nightmare death.

The gods turned demon,
blessed in blood.

But the dance adores,
though sprung from scarlet.

[18 July 1976]

SCIENCE AND RELIGION

Ayont the starns, what space

                     on space

                          on space?

Ahint the starns, what grace

                     on grace

                          on grace?

The questions cark: What God micht cast the case?
Or what computer's caird turn up the ace?

[4 August 1976]

SCOTCH ATHEISTS

Fitbaa
Sane.

[29 November 1976]

EFTIRLIFE

Said the Prod atheist
Til the Pape atheist:
'I'll see ye in hell!'

Said the Pape atheist
Til the Prod atheist:
'It's purgat'ry, damn it!'

[3 December 1976]

A GEY FLASH GORDON

That Christmas comes nae mair nor aince i the twalmonth,
the Lord be thankit!
For wha could keep thae Christian cantrips gaun
the haill year lang?

But still this time o trauchle
has blessins tae,
and a maist miraculous hero-god
—the telly's flashes o Flash Gordon,
thon champion chanty-wrassler,
as blondly bauld
in gey grey-heidit Nineteen Seventy-Sax
as forty beldin year sinsyne,
whan ilka powe i the teenie pictur-palace

was thickly theekit
(and thrang wi the daftest dwaums).

Yet nae mair daft nor the celluloid dwaum
that splored through space
til the unkent Planet o Peril
wi fearless Flash and freinds,
thon Zarkov the beardie weirdie,
a brain-box wi Balkan accent
to hap his Yankee hert,
and Dale the brainless blondie
wi big roun een
and boobs as bigsy,
the t'ane that socht his warld's salvation
wi skeelie science
frae lionmen, hawkmen, sharkmen
and ilka minion o Ming
(the terrible wud tyrant, warlock-ee'd,
as lank and lean as a birk that lichtnin blasted),
the t'ither that socht her ain salvation
frae lecher lunyies
by faain doun in a deid faint
at onie occasion,
while Flash was awa at the fechtin
wi lionmen, hawkmen, sharkmen
and mair o the minions o Ming,
and fechtin aff (puir fule!)
the tyrant's tittie,
Aura, the bricht brunette,
a princess wi spunkier smeddum in ae pinkie
nor dandily Dale
in aa her leddylike limbs.

Sic leein dwaums, sic lauchable leein dwaums!
But life cam later,
later by three short years nor Thirty-Sax,
and waukened the warld

til ither terrors, ither truths,
whaur the wud tyrant, warlock-ee'd,
was a lourdsome craitur werin a cou's lick,
a Chaplin mowser abune his chafts,
but yet the brainless blondie,
gled as thon monster's mistress, gledly merried
her lichtnin-blasted lover
and sank at's side
i the deid end o aa,
while skeelie scientists saved us
(the fremmit accents happin their patriot herts)
by blawin a hunder thousand sowls to hell
in ae ee-blink, twice times owre,
and connached the warld's salvation.

And hou did the hero fecht, the bauld Flash Gordon?
Fient the hero in aa thae wars,
though rowth o Gordons,
and fairly flash in their kilts and their cockit bonnets
or battle smored them in stour.
There's ane that paired wi a princess,
the bricht brunette,
and won hame wounded, safe in our want o safety.

Thirty year on, thae twa are thrang
wi Christmas-cardery capers,
a darg they divide,
the t'ane o them scrievin the seasonal signs
til the birth o a deein God,
the t'ither skaichin addresses
frae auld diaries, aulder letters,
telephone-leets and the lave
—till tooters skirl frae the telly
to herald angels,
Flash and his feres,
thae daithless saunts and deils o dwaum,
their guid a blondie glamour,
evil a monstrous mirk,

sic fenyit fables
o virtue's licht and vice's laithlie darkness
jaloused by some High-Heid-Yin joker
to suit wi the season's joy.

That Christmas comes nae mair nor aince i the twalmonth,
the Lord be thankit!
For wha could keep thae Christmas cantrips gaun
the haill year lang?

[22 December 1976]

CAULD GLORY

The lift blae, the laich sun
a louran bluidshot ee,
the cranreuch poutheran perished grun
and sclentan frae ilka tree
in winternichts o steely starns
that stound the harns.

The girss weirs icy threids,
its flouers hae frost as seeds,
ilk leaf gane bare and broun
til scartan Time
is glenteran white as a bride's goun,
sae wapped in a rauchen o rime.

[28 December 1976]

EXPLODING UNIVERSE

It aa began wi a bang,
a great muckle bang
that skited its stour til the hynest space
in a hotchan hotter o starns.

The haill hypothec,
aa the galactic glories,
began wi the ae colossal clapper,
a crack o sclenteran stew
that bairned the brankie suns.

Or sae they scrieve o't,
boffin billies,
eident on origins,
skeelie to speir at dernit atoms
and skinklan midnicht lifts
for 'the fact o the maitter,'
the maitter o fact,
the maitter
that made us aa frae a muckle blatteran bang.

But wha was it lichted thon farawa fuse
and blew himsel to bleezes?

[15 July 1977]

AGNOSTIC

Born to die
—and can't think why.

[13 December 1977]

INGRATITUDE

'Creature, listen!' I first commanded the Creature.
'Listen to me, you Creature! I'm your lord,
Your lord and master—understand me, Creature?
Service is what you're made for, selfless service
To me who set you here, to me who shaped you

214

Fitted to work for the good of my own cause,
However that cause escapes your understanding,
However you spend your strength on another's aim,
Striving from dawn till dark in loutish labour,
Resting only to rouse for greater wrestling
To raise my will to the hugest height of the world,
My empire all, while under my ego's order
You lay your brutish life, a burdened beast
Whose willing back must bear imperial weight
To lighten every load from me, your lord!'
Those were my first commands to that foul Creature.

What happened then?

The bloody Creature killed me!
[15 August 1978]

US

We come here out of nowhere, feel the sorrow,
'Tomorrow *and* to-morrow *and* to-morrow.'
We take the pain. We share the brief delight.
We fear the dark. We never know the night.
[3 September 1978]

DECREPIT DRACULA

Long in the
Tooth.
[20 February 1979]

CORDS

Hauddan a cord for Chris
(for Hugh MacDiarmid),
helpan to lair his lowe i the hindmaist
laich,
the kist that haps him
hingan frae sweirty hands
to ease him intil the earth
his youthheid loo'd,
this birthplace sained by mortal stour
immortal,
I ken thae cords in his freinds' fingers
for unco ferlies,
far mair nor this daithplace darg,
far mair nor murnin,
they rin wi life
frae the spreit o a live makar
til aa his sons in sang.

[5 April 1979]

ARTHUR'S SEAT

To lie ablow the ruits o a muckle ben
   And wait for a horn to blaw
And raise ye heich wi the strength o a hunder men
   For dingan the Deil awa
   —Nae dout thon's braw.

But lyan lane in a sleep yearhunders lang
   Wi only a cauldrife dwaum
O' a connached court, a queen whas rule was wrang,
   A country run ramstam
   —The thocht maun damn.

Poor hero-king! Sleep quate, sleep widdreme-free
    In deeps o the howie hill,
Leave time-and-tide til tinkers' getts like me
    And bide a byword still
      —For guid or ill.

                          [5 April 1979]

SPACE OPERA
(To Edwin Morgan, for *From Glasgow to Saturn*)

  From Princes Street
    To Arthur's Seat,
From Arthur's Seat to Uranus,
    The climb is far
    To height or star,
But hope and will ingrain us,
    On braeside face
    Or steeps of space
      Maintain us.

  From round this ball
    To circling Sol,
From circling Sol to Arcturus,
    Our vessels roam
    To find our home
Where foreign suns assure us
    Of lightsome births
    On other earths
      To lure us.

  From all man's kind
    To eternal mind,
From eternal mind to the glory,
    The cosmic eye,
    Immortal spy

On Time and the transitory—
How can that start
In the human heart?
With story.

[10 April 1979]

MASSES

The Pope sang mass
in Auschwitz.

I heard the screams.

[7 June 1979]

PARADISE RESTRAINED

Adamant
Eve.

[26 June 1979]

GAY SHAKESPEARE'S MIDSUMMER NIGHT'S DREAM

There are fairies
at the garden
of my Bottom.

[29 June 1979]

AFTER MAO

The gang of four
They all deplore
Who helped to thrive
A gang of five.

[9 July 1979]

SCOTCH *STAR-TREK*

Kent his
Phaser.

[12 December 1979]

BURNS BURNS

Whan Burns was deid and damned to hell
   For rhymes and houghmagandies,
   He socht the hinney randies
He'd pleased in pleasin maist himsel.

He socht them doun i the doolie deeps
   Whaur fiercest fire was lowin,
   The pyne for merry mowin
That canty limmers thole for keeps.

But fient the kissin phizz he fand
   (And fient the wame or hurdies)
   O' aa the bonnie burdies
He'd served wi mair nor hert and hand.

'Hou cam I here in hell my lane?'
   He speired at hotterin Hornie;

The Thief's repone was thorny:
'The faut, ye fule, is aa your ain!

'Your sangs wad saunt the lichtliest quine
    That lay in your airms unsarkit,
    Till even THE MAKAR markit
The wey your sinners seemed divine.

'For love, could GOD THE LORD dae less
    Nor you wi your mortal scrievin?
    He's heisted your jos to Heaven,
The angels' unco-guid address.

'But you, wi your daft 'Address to the Deil,'
    He's damned to the bleeze for blockin,
    And never a lass to slocken
The lowe o the hellfire love ye feel.'

[3 April 1980]

REVOLUTIONARY FIRE

Marx
and Sparks.

[1 August 1980]

ICE QUEENS

Viewing *Camille on Ice*
(in Verdi's version),
watching the heroine waltzed
to her end in excessive
consumption of crinoline swirls,
a skimmer of skates from lover to

220

lover to
lover,
till climax is clinched by the splits
in sundering symbol,
I glare at the future's foreseen glory—

Mary Stewart on Ice
(to Musgrave's music),
a chorus of kilted cuties,
the Queen in tartan tights (and tiara),
her suitors steel on steel
encircling her star,
while a comical axeman clowns
by falling all over his bladed feet
and the extra blade,
till the highland heroine flings and flings
in a final splendour,
a scintillation of spin,
and her head goes flying.

[1 September 1980]

BENBECULA BEAR

Coorse brute o a beast!
What wey could ye no hae bidden in bondage,
makkan your maister canty
wi siller to spend
frae your cantrips on crouse commercials,
and lollies for you frae the lolly,
sweets til the sweet,
a hantle o hinney?

But na, ye thankless thorter!
Ye couldna bide whaur your breid was buttered
and jeelied baith,
ye fraiked to be free,

221

to tak til the wanworth Hieland hills
and the herried watters,
your liberty lowse in a hungert laroch,
the Hebrides lane.

Ye canna be tholed, ye thrawn craitur!
We're seekan ye out, wi sodgers
beatan ilk buss,
and vets in birlybirds vaigan the lift
to daunt ye wi dopey dairts
in your hellicat hide
and sain your senses wi sleep
for the cage to kep ye.

We'll aa be jyned i the jyle.

[14 September 1980]

NAME OF THE GAME

From here to eternity,
now to the grave,
the populace fill up time
with one-armed bandits.

From love to death,
the first to the last,
I fill up time
with one-eyed poems.

But what's in a game?
Their one-armed bandits,
my one-eyed poems,
might suddenly, stunningly,

all but incredibly,
shatter the jackpot.

Riches!

[20 September 1980]

MINOTAUR MYTH

Bull.

[21 January 1981]

SUN KING

Frog
prince.

[6 February 1981]

EFTIR THE FAA

Til Eve said Adam, 'Gie's your crack.'
It wasna words she answered back,
It wasna words, to kiss and tell,
But aye the offered aipple fell
To learn them lovin's twafauld knack.

They made the wilderness Eden's sel.

[23 April 1981]

GRACE UNGRACED

I

Quick and deid, quick and deid,
on the ae nicht,
the same bit screen,
I see ye licht wi lauchter, hear ye sing
thon 'true-love' sang til the t'ither eedol,
and see ye lie i the kist for the sangless lair,
a 'bonnie corp' (a deid doll),
your fairheid's fushion
cryned in cathedral cauld,
I see ye waltz i the mair nor mortal warld
o *High Society* havers,
your hair a halo, gloried gowden,
sworled i the jig o jazz,
I see ye coiffured for kirkin,
licht gane dwyned frae the locks,
as gin some pouther faan frae your hindmaist pyne
had smaa'd and smoored the lowe,
I hear your larickins heichten the laich o life
til the tapmaist touer o a tapless time
i the eemist Eden, art,
I hear ye howed,
a sair silence, still as the Deid Sea
whaur fient the lipper steers the langest faw.

II

Mind ye? I see ye swey as the swan-maiden
a haill yearhunder syne
in aabody's amorous dwaum o the pictur'd past
wi you perfyte as the pictur-princess,
lassie o leaman snaw,
but duty's dochter,
heat o your hert made grieshoch

224

to gree wi a cauld king
and spire awa frae the spunkie airts o earth
to live i the lane lift,
sae heich, sae hyne,
sae far frae the fowk in a flicht o ferlie,
their ordnar een maun mairvel
at fremmit fairheid,
and ordinar tongues maun tirl
—*The Swan! The Swan!*[1]

Lass o the lift, I mind your loosome maik,
a winter swan whas wings made siller wind
i the iron air o a dowf December,
a lily o licht on the lourd heaven,
a white lowe on the land,
a sclent o sail on the scrimpit loch,
a bleeze in blae
whas flichter fleyed the haar frae the fleggit hert
and blent on the hirplan bluid
in a glisk o glory
—or ae mirk daw whan air was dourer nor iron,
the lochan steely-stieve,
I murned a murther,
brichtness o brichtness deid i the breem dark
whaur nicht, a neive
that killed wi the claucht o cranreuch,
had ended aa thon feddered faem in ice.

III

Anither icy straik, we see ye streekit
laich for the lair, a swackened swan
—but fluthered aye i the finest fedders,
saunted in silk, serene
(in ilka sense),
wi tears the tribute peyed by your ain prince,

1. In the Ruritanian romantic film *The Swan*, Grace Kelly played the princess, Alec Guinness her royal suitor, and Louis Jourdan her plebeian lover.

your bairns begrutten,
and aa the great forgaitheran grief,
the wives o the richt royals,
the actor-president's langest leddy-lead,
a stour o Hollywood starns,
to hear ye hymned,
to see ye sainit,
ochoned by orchestras, cried by choirs,
propaled by a princely priest,
as cameras keek, as mimpan mikes are kedged
for sicht and sound o the haly savour
to glent athort the globe
whaur millions murn,
your dregy a wardle's wae for deid delyte—

    a camera cowps,
    sweys, sweals,
    a mike maunders,
    scraichs, skirls

    —flames flender
    bullets blatter
    habberan habberan habberan habberan

    feerochs o fire

    a lourd langour

    Focus.
    Focus on fack.
    A camp. Connached.
    Fowk. Faan.

    Corp eftir corp.
    Corp eftir corp eftir corp.
    Chiels.
    Hauflins.

Wemen.
Bairns.
The bruck bulldozed.
Mooled in mauchs.

In laith Lebanon,
killed i the cause o coorse Christians,
laired wi a lauch for lament.

What swan can swail thon blash o bluid
ablow a snaw-white wing?

[24—25 September 1982]

PHARAOH'S LOVE-LETTER

Yours
fraternally.

[20 January 1983]

THE LAY OF THE LAST MINSTREL

From bed
to verse.

[16 September 1983]

ANTONY IN EGYPT

Cleopatra's
Noodle.

[11 April 1984]

ISN'T IT SEMANTIC?
(*'Glasgow's Miles Better.'—City Chambers Slogan.*)

Glasgow's Males Batter.
Glasgow's Smile's Bitter.

[30 July 1984]

WORD
(*'The poet's impossible task is to seek the one word which will express the whole universe.'—Joyce.*)

Absurd!

[28 November 1987]

APPENDIX I

SCOTCHED

Scotch God
Kent His
Faither.

Scotch Religion
Damn
Aa.

Scotch Education
I tellt ye
I tellt ye.

Scotch Queers
Wha peys wha
—For what?

Scotch Prostitution
Dear,
Dear.

Scotch Presbyterianism
Blue
Do.

Scotch Glasgow-Irish
God
Weirs a green jersey.

Scotch Orangeman
Bully
For Billy.

Scotch Liberty
Agree
Wi me.

Scotch Equality
Kaa the feet frae
Thon big bastard.

Scotch Fraternity
Our mob uses
The same razor.

Scotch Optimism
Through a gless,
Darkly.

Scotch Pessimism
Nae
Gless.

Scotch Modernity
Auld
Lang syne.

Scotch Initiative
Eftir
You.

Scotch Generosity
Eftir
Me.

Scotch Co-operation
Pou thegither
—My wey.

Scotch Geniuses
Deid
—Or damned.

Scotch Sex
In atween
Drinks.

Scotch Passion
Forgot
Mysel.

Scotch Love
Barely
A bargain.

Scotch Free-Love
Canna be
Worth much.

Scotch Lovebirds
Cheap
Cheap.

Scotch Fractions
A hauf
'n' a hauf.

Scotch Troubles
Monie a pickle
Maks a puckle.

Scotch Political-Parties
Monie a puckle
Maks a pickle.

Scotch Gaeldom
Up the
Erse.

Scotch Astronomy
Keek at
Uranus.

Scotch Astrology
Omen
In the gloamin.

Scotch Soccer
Robbery
Wi violence.

Scotch Waverley-Novels
Tales anent
Trains.

Scotch Exiles
Love ye
Further.

Scotch Charity
Ends
At hame.

Scotch Self-Sacrifice
Saxpence
—On Sundays.

Scotch Unionism
Wallace bled but
Here's their transfusion.

Scotch Socialism
Reid
—Indeed?

Scotch Liberalism
Pink
Kink.

Scotch Nationalism
Tartan
Scartan.

Scotch Conservatism
Lowse
Grouse.

Scotch Labour
Nine months
Hard.

Scotch England
Dam'
Nation!

Scotch Afternoon-Tea
Masked
Pot.

Scotch Drink
Nip
Trip.

Scotch Poets
Wha's the
T'ither?

APPENDIX II

TABLE OF CONTENTS OF INDIVIDUAL COLLECTIONS

THE LATEST IN ELEGIES (1949)

'To the memory of
LEWIS GRASSIC GIBBON
and
WILLIAM SOUTAR'

Egotist's Eyes [6]
The White Devil [17]
Terra Deserta [52]
Poem Before Birth [19]
Continent o Venus [49]
The Gowk in *Lear* [40]
Scrievin [44]
Haar in Princes Street [39]
Calvinist Sang [10]
Birds in Winter [31]
Sonnet for William Soutar [28]
Sea and Stanes [36]
Young Byron in Aberdeen [34]
Sodger Frae the War Returns [12]
The Sodgers [46]
Golgotha Brae [45]
Prayer Til Whitna God [38]
In Darkness [32]
Skull Sang [47]
Deathsang for an Auld Man Young [51]
Bairnsang [50]
Seaman's Sang [14]
Makar's Lament [26]
Sang for a Flodden [21]
The Rescue [15]

'To
HUGH MACDIARMID
and
EDWIN MUIR
In Admiration'

Poems
Gin I Was Great Eneuch [80]
Reid River [75]
The Waa [74]
Starsang [76]
Mouth Music [73]
Lethe [37]
Senses [63]
I Spak wi the Spaewife [62]
The Bricht Bird [54]
Sang in Skaith [61]
Dinna Greet [77]
Love is a Garth [60]
Midnicht Sang [42]
Coronach [22]
Twa Images [58]
Words for the Warld [82]
Recipe: To Mak a Ballant [79]
The Great Cry [81]
Nothing Left Remarkable [25]
Science Fiction [78]

Diversions
Cat and King [55]
Letter to Robert Fergusson [59]
The Muckle Piper [71]
Untrue Tammas [7]

Translations
Bayble [65]
Rose [66]
Wyvan Words and Wyvan Dwaums [67]
The Wall [68]
William Ross's Lair [69]

Gin There Was Seekin Alane O't [70]
The Gangrel [16]

CANTRIPS (1968)

'*To* FINLAY J. MACDONALD
Commissioner Extraordinary'

Poems in Scots
Heart of Stone [91]
Fable [35]
Schule o Corbies [8]
Justice [24]
Far Cry [101]
Young Makars [89]
Steel on Stane [64]
Mirk Midnicht [84]
Rescue [15]
The Gallus Makar [33]
MacDiarmid in the Shield-Ring [85]
Sang Sonnet [9]
Deir Deid Dancer [96]
Paradise Tint [88]
Big Beat [92]
Supermakar Story [95]

Poems in English
Thin Ice [102]
Evensong [23]
From You, My Love [83]
Screened on Sunday [93]
Walter's Secret [99]

Pop Poems in Scots
Prehistoric Playmate [86]
Doun Wi Dirt! [94]
Can-Can [100]
Schule for Scandal [87]
Lit. Crit. [97]
To Mourn Jayne Mansfield [98]

Plastered in Peyton Place [90]
Blues for *The Blue Lagoon* [57]

GREEK FIRE: A SEQUENCE OF POEMS (1971)

Greek Fire [187]
Journey and Place [190]
Thorn Philosophy [183]
Past and Present [184]
Arcady [185]
Stadium and Taverna [186]
Noble Splendour [189]
Mountain Monasteries [191]
Saronic Gulf [192]
Darling [193]
Love in Aegina [194]
Bad Taste [188]
Difference [195]
Golden Mycenae [196]
Agora [197]
Meltemi [198]
Accompaniment [199]
Hotel Garden [200]
Last Morning [201]
Oracular [202]
Between Delphi and Thebes [180]

DOUBLE AGENT: POEMS IN ENGLISH AND SCOTS (1972)

'To
CATH and KATE
the doubly dear'

Poems in English
Von Braun [153]
Glasgow Gangs [108]
Landfall [105]
Great Fire [261]

INCANTATIONS: POEMS AND DIVERSIONS (Posthumous)

242

Greek Themes

GLOSSARY

aa(thing), all, everything
ablow, below
abune, above
ae, one (single)
aefauld, simple
afore, before
agee, off balance
agley, awry
ahin(t), behind
aiblins, perhaps
aiken, oak
ain, own
aince(ower), once (again)
airt, direction
aix, axe
Alba, Scotland
albeid, although
anent, concerning
aneth, beneath
an-aa, also
asclent, obliquely
aside, beside
attercap, spider
atween, between
aucht(y), eight(y)
auld(farrant), old (fashioned)
ava, at all
aye, yes; always; still
ayont, beyond

babbity, child
baggit, corpulent
baid, remained
bairn(ikie), child

baith, both
ballant, ballad
ban, curse
bane, bone
barkit, dirty
barley-bree, whisky
bauchle, shamble
baudrons, puss
bauld, bold
bawbee, halfpenny
bawr, joke
baxter, baker
bealin, festering
bebble, water-drop
begoud, began
beld, bald
bellin, lust
belter, to deal successive heavy
    blows
ben(maist), in(most)
beuk, book
bide, stay
bield, shelter
bigg(in), build(ing)
bike, assemble
billies, fellows
birk, birch-tree
birl, twirl
birr, energy
bittock, a small piece
blad, large portion; fragment
bladdit, abused, defamed
blae, livid
blate, shy

blatter, to beat on with force
blaw, blow, boast
blee, complexion
bleezes, blazes
blether(skite), nonsense, to talk
  nonsense
blinned, blinded
bluffert, to bluster; a buffet
bluid, blood
blyeness. blitheness
bob, shilling
bodach, old man
bodie, person
boke, retch
bolden, put on a bold face
bonnieheid, beauty
boord, board
boss, hollow
bourach, cluster; to crowd
  together
brae, hillside
braid, broad
braks, breaks
brander-muck, filth in a sewer-
  grating
branglan, confounding
brankie, gaudy
brashy, stormy
braw(s), fine (clothes)
bree, moisture, juice
breem, fierce
breenge, move impetuously
breer, flourish
brier, grow
brig, bridge
brou, brow
bruckle, brittle
brukken, broken
brunt, burnt
buff, skin
bumbazed, confounded
burn, stream
by, beyond, past

byde, remain, live
bylie, baillie

caa, call; knock (over)
callant, lad
caller, fresh, refresh
cant, gossip
cantie, pleasant, cheerful
cantrip, incantation, magic trick
carlin, old man
cauld(rife), cold; (chilly)
causey(s), street; (cobbles)
chack, peck
chaumer, chalmer, chamber
chiel, young man
chuckie, pebble
clachan, hamlet
claes, clothes
claik, gossip
claith, cloth
clanjamfrie, crowd
clapper, to make a rattling noise
clart, dirt
clash, gossip
claucht, clutched
clavers, idle talk
cleedin, clothing
cleek, salmon-gaff
clintie, rocky
close, narrow alley
clour, batter(ing), blow
clout, cloth, patch
clud, cloud
clype, tell tales
clypie, tell-tale
clyte, to fall heavily
clyter, mess, muddle
commontie, the public
connach, destroy
conter, thwart
contrar, opposite
coorse, coarse,
  wicked

corbie, crow
coronach, lament
corp, body
courie, cower
couthie, pleasant
cowp, overturn
crack, moment
craig, rock
craitur, creature
cramassie, crimson
cran, crane; a herring-measure
cranreuch, hoar-frost
creishly, greasy
crine, shrink, shrivel
crottle, dwindle, crumble
croudle, coo
crouse, cheerful, pleasant
crouseness, apparent courage
cushat, wild pigeon
c'wa, come away

daff, to sport
daffie, daffodil
dandily, spoiled woman
darg, work
daur, dare
dayligaun, twilight
deave, deafen
decore, adorn
dee, die
deil, devil
denty, comely
dern, secret
dernit, hidden
dicht, wipe
ding, beat, dash down
dinnae, don't
dirl, throb, reverberate
doited, crazed
dominie, schoolmaster
douce, gentle, soft, pleasant
dour, stubborn, unyielding
dover, doze

dowie, mournful
dozent, drowsy
draff, seed
draigled, bedraggled
dram, glass of whisky
drant, drone
dree, endure, suffer
dreel, furrow
dregy, dirge
dreich, dreary
drouk, drench
drouth, thirst
drumlie, dull
dubs, mud
duddies, rags, garments
dule, sorrow
dung, beaten
dunt, a blow
dwaiblie, feeble
dwaum, dream
dwine, dwindle
dyst, dash

ee(n), eye(s)
eftir, after
eident, diligent
eild, age
emerant, emrod, emerald
eneuch, enough

faa(n), fall(en)
faddom, fathom
faem, foam
fair, completely
fairheid, beauty
fairlie, in good measure
fand, found
fank, enclosure
fankles, entangles
farden, farthing
fash, vex
fause, false
faut(er), fault; offender

feart, afraid
fecht, fight
feedom, presentiment of death
fell, terrible
ferlie, magic(al), marvel(lous), wonder(ful)
fey, acting unnaturally, as if under doom
fient a, not a, never a
fier, companion
fikey, difficult, troublesome
fitbaa, football
flaffer, flutter
flaughter, flicker, waver
fleech, beguile
fleer, flare
fleg, frighten
flichter, palpitate, flicker
flichtmaflethers, frippery
flinder, splinter
flirn, twist
flisk, frisk
flume, current, stream
flyte, scold
forby, besides
fore, forwards
forfochten, exhausted
forforn, lost
forgie(n), forgive(n)
fornent, over against
fou, full
founds, foundations
fousome, disgusting, filthy
fowk, people
fraik(y), freak(ish)
freeth, mist; foam
fremd, fremmit, strange, foreign
frouns, frowns
fuff, puff
fullyery, foliage
fund, found
fyauch, exclamation of disgust
gad, goad

gae(d), go; (went)
gaird, guard
gait, way
gallus, recklessly brave
gangrel, wanderer
gant, yawn
garth, garden
gar(t), make, compel; (made)
gash, dismal, ghastly
gastrous, ghastly
gaucy, jolly, pleasant
gawp, gape
gett, illegitimate child
gey(an), very, rather, somewhat
ghaists, ghosts
gif, gin, if
girl, thrill
girn, snarl, grimace, whimper, complain, grumble
girss, grass
glaik, good-for-nothing; optical illusion
glaikit, foolish
glamour, magic; to bewitch
glamourie, enchantment
glaur, mud, ooze
gleg, eager
glent, glint
gley, squint
glisk, flash, sparkle, passing glance
glister, glitter
gloamin, twilight
glower, scowl
gowan, daisy
gowden, golden
gowf, golf
gowk(it), fool(ish)
gowp, gulp
grain, groan
graip, agricultural fork
graith(ing), equip(ment)
gramultion, common-sense

grandsher, great-grandfather
grat, greet, wept, weep
great muckle, mighty
gree, agree
grimlie, grumlie, grim
groat, fourpenny-piece
grue, shudder
grumly, grim
grumphie, pig
grun, grund, ground
guff, smell
Guid, God
guid, good
guidsir, ancestor
gurlie, stormily roaring
g'wa, go away
gyaad, exclamation of disgust
gyte, foolish

haa, hall
haar, mist
habble, hobble
hae, have, possess
haill, whole
haill hypothec, whole concern
hain, guard, cherish
hairse, hoarse
hairst, harvest
hallyrackit, hare-brained
hameil, homely
hame(owre), home(ly)
hankan, working like weavers
hantle, number of
hap, cover
harns, brains
hauchty, haughty
haud(den), hold; (held)
hauf, half
hauflin, adolescent
hauld, stronghold
havers, folly
hayr, mist
hecht, promised

heeze, exalt
heich(t), high; (height)
heid til fit, head to foot
heidsman, executioner
hert, heart
het, hot
hindmaist, last
hippens, hip-napkins
hirple, limp
hotchan, crammed full,
    swarming
hotter, simmer
hough, thigh
houghmagandie, fornication
hous, house
howder, hudder, huddle
howdie, child-bed
howe, hollow, valley
howff, tavern
howk, dig
hubber, stammer
hudder, huddle
humphie, hunchback
hungert, hungry
hurdies, buttocks
hure, whore
hurkled, crouched
hyne, far away; haven
hyter, stumble

ilka(ne), each (one)
ingyne, intelligence
insch, island

jalouse, comprehend
jaud, jade
jeel, freeze, congeal
jing-bang, collection
jink, dodge
jow, sway
kaa, knock
kail, broth of colewort and
    other greens

kaim, comb
keek, peep
kelter, undulate
ken, know
kep, catch
kirk, church
kist, chest
kith, acquaintance
kittle, fickle
kittock, loose woman

lade, watercourse to a mill
laich(lie), low(ly)
lair, grave
laird, estate-owner, local big-wig
laith, loath
lammiter, cripple
landwart, rustic
lane(some), lone(some)
langerie, langourie, longing
langour, ennui
lapper, wave, ripple
lappered, curdled
lave, remainder
laverock, lark
lawlie, sad, loath
leam, flash
lear, knowledge
lee(ar), lie; (liar)
leid, tongue, language
leifer, rather
levin, lightning
lift, sky
ligg, lie
limmer(-linkin), loose woman;
   (sexual intercourse)
link, trip along
lipper, ripple, wavelet
lither, undulation
loo'd, loved
loon, fellow, boy
lour, look sullenly
lourd, heavy

lowden, stand in awe; cause to
   fall
lowe, flame
lown, calm, serene
lowp, leap
lowse, loose
lowsin, end of the day's work
lug, ear
lunt, blaze
lynn, cascade
lyre, skin

maen, moan
maik(less), match(less)
mairch, boundary
maist, most
mak, (v.) make, create; (n.)
   equal, nature
makar, poet
mant, stammer
marl, speckle
mart, animal auction
maun(na), must (not)
maut, malt (whisky)
mavis, thrush
maw, mew, sea-mew
meck, halfpenny
mell, mix, match
mensefu, decent
mense(less), manners; (ill-
   mannered)
merle, blackbird
mind, remember
ming, mingle
mirk, dark(ness)
mirl, speckle (vb.)
mishanter, misadventure
mixter-maxter, miscellaneous
   mixture
mools, mould (the grave)
mortal, exceedingly
mou, mouth
mountain-dew, whisky

muckle, much, great
murn, mourn
musardrie, thought

nae(thing), no(thing)
nappie, hip-napkin
naukit, naked
neive, nieve, fist
neuk, corner
niffer, bargain
nocht, nothing
nor, than
nott, needed
nowt, cattle
onding, onset; heavy fall of rain
  or snow
onie, any
orra, occasional; worthless
outowre, quite over
out-by, out beyond
ower, owre, over, too
o't, of it

paidle, hoe
paiks, punishment
pang, cram(med)
peerie, tiny
peesieweep, lapwing
perjink, exact
phizz, countenance
pictur-palace, cinema
plowter, flounder
ploy, escapade
pooter-doo, pouter-pigeon
powe, head
pranksome, full of pranks
prattick, practice
pree, taste, attain, experience
puckle, a few
puir, poor
puirtith, poverty
pushion, poison

quaet, quate, quiet
quine, girl

raik, roam
raip, rope
rair, roar
raivel, ravel
ramstam, uncontrolled
randie, sexually wild (person)
rant, revel
rashes, rushes
rauchens, mantles
rax, stretch out
reek, smoke
reemlan, trembling
reeshle, rustle
reid, red
reid-wud, wild furious
reive, plunder
rickle, loose heap
riggin, shelter
rive(n), tear; (torn)
roch, rough
rowe, roll
rowsan, vehement
rowth, plenty
rowt(er), bellow(er)
rug, tug, tear
runkle, wrinkle
runtit, cleaned out
ryce, branch
rypin, ransacking

sae, so
sain, shield from evil influences
sair, sore
sark, shirt
Sassenach, English
saunt, saint
saut, salt
scart, scratch
scaud, scald
scaur, cliff

schule, school
sclate, slate
sclent, sparkle; glance; to give a
  slanting direction
sclim, climb
scraich, screech
scran, hunt out; scrape a
  livelihood
scrieve, write
scrimpit, niggardly
scud, a blow
scunner, disgust
scutter, mess, muddle
sea-maw, seagull
seelie, innocent
seip, ooze
semmit, undershirt
sen, since
shair(ly), sure(ly)
shargar, starveling
shaw, grove
shennachie, poet
shent, destroyed
shilpit, insignificant
shool, shovel
shool-the-board, game of
  shovelboard
shot, attempt
shouther, shoulder
showd, rock
sib, closely related
sic(can), such
siccar, certain
siller(ie), money, silver(y)
sinsyne, ago, since then
sixareen, old square sailboat
skaich, scavenge
skail, scatter, disperse, spill
skair, skerry
skaithless, harmless
skaith(it), injury; (injured)
skeelie, skilful
skelf, shelf

skiddie, oblique
skimmer, shimmer
skinkle, sparkle
skirl, scream
skited, shot off
sklaff, slap
sklinter, splinter
skyrie, bright
slaur, mud
slee, clever, skilful
slocken, slake
slounge, drench
smairge, smear
smeddum, courage
smeik, smoke
smochteran, smothering
smoor, smoothe away, smother
smoorich, big wet kiss
smore, *smorit*, smother(ed),
  choke(d)
snell, keen, sharp
snorl, ravel in string or thread
sodger, soldier
sonsie, comely
soom, swim
soop(it), sweep; (swept)
sorn, sponge (vb.)
soss, mess
sotter, mess
sowl, soul
spaewife, witch, fortuneteller
spang-new, quite new
speak, speech
speel, climb
speir, *spier*, ask (for)
speldered, dappled
spey, to tell a fortune
spiller, destroyer
spire, soar
splairge, splash
splore, spree
splyter, splutter
sprauchle, sprawl

spreit, spirit
spulyie, plunder
spunk, spirit; match
squatter, flap, flutter
stalliard, stately, gallant
stanced, stationed
stang, sting
stap, stop, stuff
starn, star
staw(n), stole(n)
steek, shut, fasten
steer, stir
steid, place
stew, dust
stey, steep
stieve, stiff, obstinate
stob, jab
stookie, stucco
stoun, pang
stour, dust, bustle
stown, stolen
strae, straw
stramash, tumult
strauchle, struggle
straucht, straight
stravaig, saunter aimlessly
streek, stretch
strenthie, strong
Suddron, Southern (English)
sumph, imbecile
swack, supple, fit, well-made
swaiver, aimless movement;
  totter
swank, active; to show off
swankie, strapping young man
swap, exchange
swaul, swell
swaw, wave
swee, sway
sweel, whirl round
sweirt, reluctant
swick, cheat
swith, swift

swither, move aimlessly
syne, then, ago
syver, gutter

tae, toe, also
taen, taken
taigle, tangle
tak (tent), take (care; notice)
tanner, sixpence
tash, spoil
tattie-bogle, scarecrow
tauchie, moist
teuch, tough
thackin, thatching
thae, those
thegither, together
the-day, today
the-morn, to-morrow
the-nou, just now, at present
the-streen, *yestreen*, yesterday
thole, suffer, endure, tolerate
thon, *thonder*, that; (over there)
thoom, thumb
thowe, thaw
thowless, useless, spiritless
thrang, busy; throng
thratch, violent respiration of
  the death-throes
thraw, twist
thrawn, perverse, stubborn
threep, assert pertinaciously
til, to
timmer, timber (wooden)
tine, lose
tint, lost
tipperan, tip-toeing
tirl, twirl
tirrick, tern
tit, nipple, breast
tittie, young girl
toom, *tuim*, empty
tooter, trumpet
towmond, twelvemonth

traik, saunter
trauchle, drudge(ry)
trinkle, trickle
tumphie, dull person
twyne, part, divide
tyauve, fret

ugsome, ugly
unco, uncommon
unction, auction
vennel, alley
vogie, vaunting

waa, wall
wab, wabster, web, spider
wabbit, exhausted
wad, wed
wae, woe; sad
waement, lament
waft, weft
wafter, wing
waird, guard
wale, choice
wall, well
walloch, wallow
wame, stomach
wanchancy, evil boding
wanhope, despair
want, lack
wap, wrap
war, defend
warssle, wrestle
watergaw, rainbow
wauchied, enfeebled
waucht, quaff
wauk, wake
wede, withered
weel-faur'd, well-favoured
weird, fate
wersh, tasteless, bitter
whack, large portion
whaur, where
wheen, quantity, few

wheeple, whistle
whigmaleerie, fantastic, useless
   ornament
whiles, sometimes
whim-wham, fancy
whummle, upset
wierd, fate
winnock, window
wrack, ruin
wrocht, wrought
wud, mad
wuid, wood
wyce(ness), wise; (wisdom)
wyte, blame
wyve, weave

yaird, garden
yammer, to cry aloud fretfully
yark, wrench, tug
yearhunder, century
yett, gate
yirth, earth
yokan-time, time to begin work
yowt, bellow

INDEX OF TITLES